MOTIVATIONSPSYCHOLOGISCHE DETERMINANTEN DER FINANZKRISE:

EIN NUTZENTHEORETISCHES MOTIVATIONSMODELL

© 2009 Klaus Grobys

Klaus Grobys
Maretstr. 62
21073 Hamburg
Email: klausgrobys@hotmail.de
Homepage: www.klaus.grobys.net

Bibliographische Information der Deutschen Nationalbibliothek
Die Deutsche Nationalbibliothek verzeichnet diese Publikation in der Deutschen Nationalbibliographie; detailierte bibliographische Daten sind im Internet über *http://dnb.d-nb.de* abrufbar.

ISBN-13: 9 783 839 130 377

Herstellung und Verlag:
Books on Demand GmbH, Norderstedt (Germany)

INHALTSVERZEICHNIS

1 Welche Ursachen hat die Finanzkrise?

Am 22. Juni 2009 beim vierten Hanseatischen Universitätsgespräch war beim Thema „Finanzmarktkrise" häufiger von ethischen als von marktwirtschaftlichen Werten die Rede. „Eröffnet wurde die Veranstaltung mit einem Impulsvortrag, in dem Prof. Dr. Jürgen Beyer, geschäftsführender Direktor des Centrums für Globalisierung und Governance (CGG) an der Universität Hamburg, erläuterte, wie leichtfertig vergebene Kredite und intransparente Ratingverfahren in den USA in Kombination mit den extrem vernetzten Strukturen unserer globalisierten Welt zur größten Wirtschaftskrise seit den 1930er Jahren führen konnten [...]. Im Mittelpunkt der Diskussion standen neben den persönlichen Erfahrungen der Unternehmensvertreter und den Analysen der Universitätsvertreterinnen und -vertreter vor allem die Konsequenzen der Krise. Bedürfen die Finanzmärkte lediglich einer stärkeren Regulierung? Oder kann ihre Stabilität nur durch die Etablierung einer anderen Unternehmenskultur gesichert werden, in der nicht allein Gewinnmaximierung, sondern auch Werte wie Nachhaltigkeit richtungsweisend sind? Diese Fragestellung konnte angesichts der Komplexität des Themas ... nicht abschließend geklärt werden, [...]."[1]

Aber was ist eigentlich genau passiert? Die Konsequenzen im Kielwasser der Finanzmarktkrise tragen nicht nur die Regierungen, die eine Bürgschaft für die Banken eingehen, um die weitere Stabilität des Finanzmarktes gewährleisten zu können.[2] In Schweden unterstütze die Regierung die Swedbank, die einen Verlust in Höhe von 3,4 Milliarden Schwedische Kronen während des ersten Quartals 2009 im Zuge der Kreditgeschäfte, insbesondere im Baltikum, zu verzeichnen hatte. Diese Ziffer kann mit einem Gewinn in Höhe von 3,7 Milliarden in der Vergleichsperiode des Vorjahres verglichen werden.[3] Die Gründe, die zu diesem hohen Verlust

---

[1] Vgl. http://www.uni-hamburg.de/newsletter/Globalisierung-und-Governance-br-bdquo-Die-globale-Finanzkrise-Ursachen-Wirkungen-Konsequenzen-ldquo-br-Vierte-Veranstaltung-der-Hanseatischen-Universitaetsgespraeche-.html

[2] Vgl. Grobys [2009], S.4

[3] Vgl. http://www.e24.se/branscher/bankfinans/artikel_1265541.e24

infolge enormer Abschreibungen geführt haben, wurden anschließend in den schwedischen Medien ausführlich diskutiert: Die Schwedische Großbank bewilligte hohe Volumina an Krediten ohne irgendwelche Sicherheiten zu beanspruchen.[4]

Hierbei verließen sich die Banker auf Variablen wie Inflation, Lohnsteigerungen und Preise, insbesondere Preise für Wohneigentum, obwohl eigentlich jeder Ökonom weiß, dass Preisprozesse oft einem sogenannten „Random-Walk" folgen, wodurch sie grundsätzlich nicht zu prognostizieren sind.[5] Das bedeutet, ein Preisprozess kann jeder Zeit wieder zu seinem Ursprung zurückkehren. Aktienanalysten wissen auch, dass es selbst bei der Differenzbetrachtung von Preisprozessen, wie den Aktienrenditen, kaum prognostizierbare Muster gibt: Was der Händler an dem einen Tag gewonnen hat, kann er am nächsten Tag schon wieder verloren haben.[6]

Aber nicht nur die Banken in Schweden begegneten diesen Problemen: In Deutschland erwirtschaftete die Commerzbank im ersten Quartal 2009 einen Verlust von 861 Millionen Euro. Diese Zahl kann mit einem Gewinn von 228 Millionen Euro im Vorjahr verglichen werden. Aber auch die Commerzbank wurde von der Insolvenz gerettet, indem öffentliche Gelder bereitgestellt wurden: „Die Kommission hatte ... nur ‚unter Bedingungen' grünes Licht für die Staatshilfen für das DAX-Unternehmen in Höhe von insgesamt 18,2 Milliarden Euro gegeben. Dazu gehörte die Verkleinerung der Bank. Um Wettbewerbsverzerrungen wegen des hohen Betrags zu vermeiden, müssen mehrere Geschäftsfelder aufgegeben [...] werden. [...] Die Commerzbank, die zu gut einem Viertel verstaatlicht ist, will bei einer positiven Marktentwicklung ab 2011 mit der Rückzahlung der Stillen Einlagen des Sonderfonds Finanzmarktstabilisierung (SoFFin) beginnen."[7]

---

[4] Vgl. Grobys [2009], S.4
[5] Vgl. Hackl [2005], S.230-263.
[6] Vgl. Bodie, Kane und Marcus [2008], S.358-387.
[7] Vgl. http://de.biz.yahoo.com/08052009/336/verlust-commerzbank-quartal-hoeher-al-0.html

In Island wurde Kaupthing, die zum dem damaligen Zeitpunkt die größte Bank in Island war, akquiriert, nachdem sie insolvent wurde: „Die isländischen Kleinbanken hatten seit Mitte des Jahrzehnts nach bester Wikinger-Manier kräftig expandiert. Über Online-Konten mit so phantasievollen Namen wie "Icesave" oder "Kaupthing Edge" legten Hunderttausende Sparer dort ihr Geld an. Die Milliarden kamen vor allem aus Großbritannien, den Niederlanden und Deutschland. Gleichzeitig stiegen die Isländer groß ins internationale Spekulationsgeschäft ein – mit dramatischen Folgen: Als Mitte September 2008 die amerikanische Investmentbank Lehman Brothers zusammenbrach, überstiegen die Schulden von Kaupthing, Glitnir und Landsbanki das isländische Nationalprodukt um das Fünffache. Innerhalb weniger Tage verfiel die isländische Wirtschaft quasi in Schockstarre, die Banken wurden zahlungsunfähig und unter staatliche Aufsicht gestellt. Zuletzt die Kaupthing-Bank am 9. Oktober 2008."[8]

In den USA, dem Ursprungsland der Finanzkrise, wurden die größten Hypothekenbanken Fannie Mae und Freddie Mac verstaatlicht. Diese Banken standen für etwa die Hälfte des amerikanischen Hypothekenmarktes und verwalteten etwa 5.000 Milliarden US-Dollar. Seit dem Konkurs wurden die Hypothekeninstitute vom Federal Housing Finance Agency geleitet, die vom amerikanischen Kongress geschaffen wurde, um die Finanzkrise hantieren zu können. Die amerikanische Regierung kaufte für etwa 1.520 Milliarden US-Dollar Aktien von Fannie Mae und Freddie Mac, was einer Beteiligung von ca. 80% an den Unternehmen entspricht. Gemäß Bloomberg war diese „Hilfs-Aktion" die größte Akquisition, die jemals in der Geschichte stattgefunden hat.[9]

Dieses dokumentiert jedoch nur die Spitze des Eisberges oder die ersten Ausläufer der Finanzkrise. Im weiteren Verlauf wurden die Medien nahezu überschüttet von Meldungen über Finanzinstitute, die in finanzielle

---

[8] Vgl. http://www.spiegel.de/wirtschaft/soziales/0,1518,653897,00.html
[9] Vgl. http://www.e24.se/branscher/bankfinans/artikel_686925.e24

Schwierigkeiten kamen.[10] Gleichzeitig fing man an, die Ursachen und Gründe der Finanzkrise näher zu erforschen. Hierbei wird unter anderem die exzessive amerikanische Geldpolitik, das Handelsbilanzungleichgewichte zwischen USA und China, das amerikanische Haftungsrecht, die zunehmende Komplexität der Finanzinstrumente, systemischen Risiken, das mangelnde Wissen der Bankmanager um vergangene Krisen sowie ihr Entlohnungssystem diskutiert. Bernholz, Faber und Petersen [2009] schreiben hierzu: „Offenbar ist eine solche Krise zunächst einmal eine Vertrauenskrise. Banken vertrauen einander nicht mehr. Das heißt, dass sie nicht – wie in normalen Geschäftszeiten – sich gegenseitig kurzfristig gegenseitig große Kredite gewähren. Das führt bei den Banken zu Liquiditätsproblemen, die häufig so groß sind, dass das Eigenkapital zur Deckung ihrer Verbindlichkeiten nicht mehr ausreicht. Banken werden in diesem Falle zahlungsunfähig. Eine derartige Situation im Finanzsektor hat Konsequenzen für die reale Seite der Wirtschaft, die auf ein funktionierendes Bankenwesen angewiesen ist." Weiterhin stellen sie in Frage, ob man überhaupt „einen gesetzmäßigen Zusammenhang zwischen den Ereignissen, die die Krise ausmachen, und bestimmten Anfangsbedingungen herstellen [kann], die … als Ursachen der Krise" bezeichnet werden.[11]

Der Bundespräsident Horst Köhler prangerte die ‚Verantwortlichen der Finanzkrise‘[12] an, indem er sie mit scharfer Polemik als „Monster" titulierte, das immer weniger Bezug zur Realwirtschaft hat. Angesichts der milliardenschweren Lasten, die auf den Fiskus zukamen, ist es wichtig zu prüfen, was im System schiefgelaufen ist, fordert Gerhard Schick. In diesem Punkt sind sich offensichtlich alle Stimmen der Politik einig. Die Mittelstandsbank IKB, an der die staatliche KfW Bankengruppe beteiligt ist, bekam bis Mitte 2008 bereits finanzielle Hilfen in Höhe von etwa 8,5

---

[10] Vgl. http://www.welt.de/welt_print/article2664794/HSH-Nordbank-entscheidet-ueber-Rettungsschirm.html
[11] Vgl. Bernholz, Faber und Petersen [2009], S.4-5.
[12] Oder vielmehr: die *vermeintlich* Verantwortlichen.

Milliarden Euro. Wer jedoch die Weichen dafür stellte, dass die Bank „über ihre außerbilanziellen Zweckgeschäfte massiv investierte", war bis zu diesem Zeitpunkt immer noch unklar.[13]

Ende 2009 argumentierte die Bundesregierung, es gäbe keine Parallelen zwischen der Krise im Finanzgewerbe im Jahr 2003 und der aktuellen Finanzkrise. „Die Situation des deutschen Bankensektors Ende 2002/ Anfang 2003 sei gekennzeichnet gewesen durch ein schwieriges Konjunkturumfeld und anhaltende Strukturprobleme. Vor dem Hintergrund der damals weltweit schwachen Konjunktur hätten verschiedene private Großbanken eine verstärkte Ertrags- und Rentabilitätsschwäche gezeigt, heißt es weiter. [...] Auslöser der aktuellen Krise seien nicht die Liquiditätsprobleme von Banken gewesen. Die Wertminderungen in der aktuellen Finanzmarktkrise habe bisher zudem nicht ihren Schwerpunkt im traditionellen Kreditgeschäft, sondern bei Verbriefungspositionen gehabt."[14]

Diese Ausführungen zeigen jedoch, dass die Ursachenforschung allzu oft darauf abzielt, die Frage zu klären: Wie konnte es dazu kommen? Bernholz, Faber und Petersen [2009] argumentieren: „Denn das komplizierte und in einer dynamischen Wirtschaft immer wieder unter ganz neuen Umständen zu besorgende Geschäft des Finanzsektors, nämlich der Transferierung der zahlreich kurzfristigen gewährten Spareinlagen in relativ wenig langfristig zu vergebene Kredite, führt im Lauf der Zeit zu sich kumulierenden Schwierigkeiten. Es ist daher bisher immer eine Frage der Zeit gewesen, bis diese Schwierigkeiten zu einer Finanzkrise geführt haben."[15]

Dabei wird immer wieder versucht mit Kausalketten, bedingten und unbedingten Wahrscheinlichkeiten, sowie subjektiven und objektiven

---

[13] Vgl. http://www.handelsblatt.com/politik/deutschland/finanzkrise-ursachenforschung-gefordert;1429883

[14] Vgl. http://www.compliancemagazin.de/gesetzestandards/deutschland/bundestagbundesregierung/deutsche-bundesregierung220709.html

[15] Vgl. Bernholz, Faber und Petersen [2009], S.16.

Wahrscheinlichkeiten zu argumentieren. Oftmals bieten die Wirtschaftswissenschaften durch die Entwicklung von Theorien gute Einblicke in das, was mit bloßem Auge nicht zu erkennen ist. Allerdings tauchen immer wieder neue Variablen in den entwickelten Modellen auf, die eine wesentliche Rolle spielen, aber nicht in dem ökonomischen Modell berücksichtigt wurden, da es sich lediglich auf historische Zusammenhänge bezieht. Kausalität die innerhalb eines Zeitfensters gilt, braucht in späteren Perioden nicht mehr zu greifen.

Man kann die Finanzkrise vielleicht im übertragenen Sinn mit einer Krankheit vergleichen. Argumentation mit modellhaften Kausalketten erklärt den Krankheitsverlauf, aber nicht die Ursachen: „Wenn zahlreiche kurzfristige Spareinlagen in wenige langfristige Kredite transferiert werden, kann dieses zu Schwierigkeiten führen." Dieses ist jedoch nichts Neues. Ein Banker lernt innerhalb seiner Ausbildung zum Bankkaufmann die „goldene Finanzierungsregel" kennen, wonach eine Fristenkongruenz für langfristige Anlagen und Kredite gefordert wird: „Die langfristigen Anlagen und Kredite sollen abzüglich der Wertberichtigungen die Summe bestimmter langfristiger Finanzierungmittel nicht übersteigen."[16] Die Grundsätze bezüglich der Liquidität werden zudem ausführlich vom BAKred geregelt.[17]

Was machen Ärzte, die den Krankheitsverlauf einer „neuen Krankheit" kennen? Sie entwickeln ein neues Medikament. Es gibt in der Medizin zahlreiche Medikamente, die z.B. darauf abzielen, Rezeptoren zu blockieren, um somit die Symptome einer Krankheit zu verhindern oder zumindest zu mildern. Einem Allergiker werden während des Pollenflugs gewöhnlich Medikamente verabreicht, die die Histaminausschüttung des Körpers verhindern soll.[18] Welches „Medikament" hat nun die Wirtschaftswissenschaft zur Bekämpfung der „Krankheit Finanzkrise" produziert?

---

[16] Vgl. Grill und Perczynski [1999], S.510-514.

[17] BAKred ist das Bundesaufsichtsamt für Kreditinstitute.

[18] Ein gängiges Antihistaminikum ist z.B. Cetrizindihydrochlorid.

Joseph Ackermann, Chef der Deutschen Bank meint, dass das Risikomanagement bei Banken überall nicht ausreichend gewesen sei. „Dies ist, um es klar zu sagen, vor allem ein Versäumnis des Managements dieser Häuser."[19] Er argumentiert weiter, dass die Investoren sich allzu sehr auf das Urteil der Ratingagenturen verlassen hätten. Eine Bonitätseinstufung kann jedoch immer nur ein Bestandteil in der Risikoanalyse sein und nicht deren Substitut.[20]

Der Bundesbankpräsident Axel Weber, einer der wichtigsten Berater der Bundesregierung bei Fragen zu den Folgen der Finanzkrise, wirkte unter anderem dabei mit, den Bankenrettungsfonds Soffin einzurichten, der angeschlagene Institute stützt. Zur „Behandlung" der Finanzkrise rät Weber: „Alle Banken, gerade auch die großen, müssen widerstandsfähiger werden. Sie brauchen höhere Eigenkapitalpuffer, größere Liquiditätspolster und ein besseres Risikomanagement." Zudem forderte er eine bessere Überwachung der Finanzmärkte und ein besonderes Insolvenzrecht für Banken.[21]

Martin Andersson, Generaldirektor der Finanzinspektion in Schweden meint, man könne bereits zwei Schlüsse aus der Finanzkrise ziehen: Erstens müssten alle Marktteilnehmer mehr über die Risikofaktoren lernen, insbesondere den Zusammenhang zwischen Risiko und Rendite. Zweitens müsse man aus der Krise gelernt haben, dass sich der Bankensektor prozyklisch im Konjunkturverlauf verhalte.[22] Alle erwähnen hierbei das Risikomanagement, das verbessert werden muss. Das „Medikament" steht also fest und heißt folglich „Risikomanagement". Stephen Green, Verwaltungsratschef der Großbank HSBC meint: „Ein besseres Risikomanagement, eine bessere Regulierung, klare Verantwortlichkeiten in den Führungsgremien, all dies ist notwendig" […] um „das

---

[19] Vgl. http://www.spiegel.de/wirtschaft/0,1518,503387,00.html
[20] Vgl. ebd.
[21] Vgl. http://www.spiegel.de/wirtschaft/0,1518,643124,00.html
[22] Vgl. Veckans Affärer (16), S.48-49.

kapitalistische System", das aber „im Kern auf Vertrauen" beruht, wiederherzustellen.[23]

Mit anderen Worten: Spitzenbanker, die den „Krankheitsverlauf der Finanzkrise" ausfindig gemacht haben, verordnen nun als „beste Medizin" ein verbessertes Risikomanagement. Überspitzt formuliert soll ein verbessertes Risikomanagement die „Warnzeichen" einer sich zukünftig anbahnenden Krise zeitlich im Voraus diagnostizieren. Die Bank soll dadurch in die Lage versetzt werden, solche „spekulativen Blasen" frühzeitig zu erkennen und rechtzeitig aus dem Markt auszusteigen, um die Verluste zu minimieren. D.h. man versucht Datenmaterial über die Variablen der Kausalketten zu sammeln, welche man innerhalb der Krisenforschung gefunden hat, um diese in statistischen Verfahren auszuwerten und zu überprüfen. Anhand des zugrundeliegenden Modells können dann Rückschlüsse darauf gezogen werden, ob es zu signifikanten Abweichungen bzw. Übertreibungen des Marktes kommt, oder nicht.

Betrachtet man das ganze vom medizinischen Aspekt, scheint dieses Vorgehen plausibel: Man erkennt eine neue Krankheit, erforscht den Krankheitsverlauf und entwickelt eine neue Medizin, die den Krankheitsausbruch entweder verhindert oder zumindest mildert. Aber sind damit die Ursachen der Krankheit bekämpft? Eine Krankheit kann jederzeit wieder ausbrechen, wenn die eigentlichen Ursachen der Krankheit nicht beseitigt sind. Bernholz, Faber und Petersen [2009] schreiben hierzu: „Aus unserer Sicht lassen sich Finanzkrisen aufgrund der Komplexität und der Dynamik des marktwirtschaftlichen Systems nicht verhindern. Man kann jedoch hoffen, deren Auswirkungen verringern zu können. […] In den letzten dreihundert Jahren haben sich in unregelmäßigen Zeitabständen immer wieder Finanzkrisen ereignet."[24]

Ein Grund weshalb die Entwicklung eines vollständigen kausalen Zusammenwirkens, welches ein geschlossenes Erklärungsmodell lieferte, kaum möglich ist, ist der, „dass sich in späteren, d.h. in der Zukunft,

---

[23] Vgl. http://www.zeit.de/2009/33/Green
[24] Vgl. Bernholz, Faber und Petersen [2009], S.16.

noch zu leistenden Analysen der gegenwärtigen Finanzkrise weitere, noch nicht genannte Gründe gefunden werden könnten, die eine wesentlich Rolle gespielt haben."[25]

Eine weitere Folge der Finanzkrise war eine heftige Bonusdebatte. So waren es vor allem fehlkonstruierte Bonusprogramme, die in den Medien angegeben wurden, als eine wichtige Ursache der Krise. Für die Politik bot sich die Gelegenheit, durch extreme Haltungen „auf Stimmenfang zu gehen".[26] So hieß es beispielsweise in einer Erklärung der Bundesregierung zur Ursachenforschung bezüglich der Finanzkrise: „Die aktuelle Finanzkrise haben Geldprofis verbockt, die Milliardenbeträge in den amerikanischen Immobilienmarkt investiert haben und risikoreiche Verpflichtungen eingegangen sind. Da hatte die Gier das Hirn ausgeschaltet."[27] Pontus Schulz, Chefredakteur des Magazins „Veckans Affärer" wundert sich, warum die Topdirektoren so empört sind über die anhaltende Bonusdebatte: „Warum sind Bonusse so heilig im Geschäftsleben? Wenn man heute als Direktor den Auftrag hat, das Kapital der Aktionäre in bestmöglicher Weise zu verwalten, ist es wohl kaum so, dass das die eventuelle Motivation, die das Bonusprogramm für einige wenige gibt, den Ansehensverlust, das dem Unternehmen widerfährt gegenüber den Kunden, Aktionären und Angestellten aufwiegt, falls man das so bespottete B-Wort benutzt."[28]

Gerade in der Finanzkrise gilt: Je höher der Bonus, der den Topdirektoren gezahlt wird, desto mehr leidet das Ansehen der jeweiligen Bank. Umso mehr schien es paradox, das einige Bankchefs ihre Bonusse vehement verteidigten. Annika Falkengren, Chef der Schwedischen Großbank SEB, hat sich Mitten in der Finanzkrise anstelle einer Bonuserhöhung, die Erhöhung des festen Lohnes von 7 auf 9 Millionen Schwedische Kronen

---

[25] Vgl. ebd.
[26] Vgl. Veckans Affärer (18), S.5, S.11
[27] Vgl. http://www.bundesregierung.de/Content/DE/Magazine/
MagazinWirtschaftFinanzen/058/s-2-ursachenforschung.html
[28] Vgl. Veckans Affärer (18), S.5

durchsetzen wollen. Aufgrund eines anhaltenden Proteststurmes seitens von Kunden, Aktionären, der Allgemeinheit und der Politik hat sie anschließend eingelenkt: „Das fühlt sich sehr leicht an, die Kunden um Verzeihung zu bitten, aber vor allem will ich die Mitarbeiter um Verzeihung bitten. Wir haben falsch geglaubt. Die Absicht war gut, aber es wurde sehr falsch. [...].“[29] Offen bleibt jedoch, ob Annika Falkengren einlenkte infolge des massiven Kundenverlusts, der als Reaktion der Lohnpolitik zu verzeichnen war, ob sie einlenkte, weil das staatliche Garantieprogramm seitens der Schwedischen Regierung an Auflagen bezüglich der Gehaltserhöhungen geknüpft war,[30] oder ob sie tatsächlich einlenkte, da ihr bewusst wurde, das dieses Verhalten ethisch bedenklich war.

Joseph Ackermann verzichtete angesichts der Finanzkrise auf seinen millionenschweren Bonus für 2008. „Ich habe dem Aufsichtsrat der Deutschen Bank mitgeteilt, dass ich in diesem schwierigen Jahr auf meinen Bonus verzichte – zugunsten verdienter Mitarbeiter, die das Geld nötiger haben als ich“, sagte Ackermann. Allerdings konnte Ackermann die Summe, auf die er verzichte, zu diesem Zeitpunkt noch nicht genau beziffern: „Genau kann ich das nicht sagen, das Jahr ist ja noch nicht zu Ende. Aber es geht um einige Millionen.“ Gemäß dem „Handelsblatt“ hatte das Vorstandsgremium von Deutschlands größter Bank insgesamt 33,2 Mio. Euro im Vorjahr (2007) verdient, wovon lediglich 4,3 Mio. Euro festes Gehalt waren.[31] Diese Mitteilung kam Mitte Oktober in die Presse.[32] Der zu diesem Zeitpunkt amtierende SPD-Fraktionschef Peter Struck hatte jedoch bereits Anfang Oktober harsche Kritik an Josef Ackermann geübt: „Solange die Banken auf Gewinnerkurs waren, hat Herr Ackermann am lautesten geschrien, der Staat solle ihnen nicht hereinreden“, argumentierte

---

[29] Vgl. http://www.dn.se/ekonomi/falkengren-det-blev-fel-1.821370
[30] Vgl. http://www.dn.se/ekonomi/reinfeldt-domer-ut-seb-loner-1.819986
[31] Vgl. http://www.handelsblatt.com/unternehmen/banken-versicherungen/ackermann-verzichtet-auf-millionen-bonus%3B2064963
[32] Am 17.10.2008.

Struck. Deshalb sei es für ihn befremdlich, wenn der Vorstandschef der führenden Deutschen Bank „jetzt als erster nach umfassender Hilfe aus Steuermitteln ruft". Struck fasst dieses Verhalten als Opportunismus auf, denn Ackermann hatte zuvor ein Hilfspaket für die deutsche Bankenbranche nach US-Vorbild gefordert.[33]

Viele Leute sind über die astronomischen Gehälter der Topmanager verärgert. Andere argumentieren dagegen: „Variable Löhne haben ihre Punkte."[34] Aber sind es wirklich die Bonuszahlungen an die Topmanager, die als eine der Ursachen der Finanzkrise zu nennen sind? Andreas Lauritzen, Unternehmensberater der Konsultfirma „Novare" meint: „Viele Bonusprogramme waren viel zu vorteilhaft konstruierte Programme, was darauf beruht, dass es sich hierbei um komplizierte Materie handelt und dass die Unternehmen nur halbwegs gedacht haben. Es gibt wohl niemanden, der versucht ein System zu schaffen, das wertvernichtend arbeitet, aber es mangelt daran die Programme zu verstehen, zu erklären und zu motivieren. Darum vermeiden Unternehmen Fragen was denn eine gute Leistung sei, unter welchen Zeithorizont diese zu erbringen sei und wie diese entlohnt werden soll. Dieses hat dazu geführt, dass viele – was man auch in der Finanzbranche gesehen hat – die Auszahlung [dieser Boni] manipulieren konnten und ihr eigenes Interesse vor das des Unternehmens setzen konnten. Dieses hat [ferner] dazu geführt, dass einzelne Individuen ihre eigenen Boni maximieren konnten."[35]

In den schwedischen Medien wurde in diesem Zusammenhang berichtet, dass beispielsweise von seitens der Swedbank im Baltikum enorme Volumina an Krediten gewährt wurden, ohne jegliche Sicherheiten. Dabei wurde das „frei verfügbare Einkommen" an zukünftigen prognostizierten Lohnsteigerungen ausgerichtet. In einer gewöhnlichen Berufsausbildung zum Bankkaufmann lernt man vieles über sog. „Kreditsicherung": So gibt es Bürgschaften für private Kleinkredite, Grundschulden und Hypotheken

---

[33] http://www.spiegel.de/wirtschaft/0,1518,584721,00.html
[34] Vgl. Veckans Affärer (18), S.5.
[35] Vgl. Veckans Affärer (18), S.21.

für Immobilienfinanzierungen, Sicherungsübereignungen, Verpfändungen und Abtretungen bei Firmenkrediten und ähnlichem. Ohne Sicherheiten wird gewöhnlich kein Kredit gewährt.[36] Bevor es zu einer Kreditgewährung kommt, werden die Kreditsicherheiten bewertet und es kommt zu einer Kreditwürdigkeitsprüfung des Kreditnehmers, wobei die wirtschaftlichen Verhältnisse anhand von Prüfungen der Bilanzrechnungen, der Ertrags- und Liquiditätslage, sowie bei Privatpersonen die Einkommenssteuerbescheide der vergangenen Jahre und der Arbeitskontrakt in einer Prüfung „geratet" bzw. bewertet wird.[37] Bankintern werden anhand diverser Kennzahlen Kunden in „Bonitätsgruppen" eingeteilt. Anhand dieser festgestellten „Bonität", wird anschließend mithilfe standardisierter Verfahren entschieden, sowohl welchen „Service" der Kunde bekommt, als auch die Höhe einer möglichen Kreditgewährung.

Dieses Ratingverfahren (=Bewertungsverfahren) hat offenbar nicht bei allen Banken funktioniert – obwohl alle Banker grundsätzlich die gleiche Ausbildung erhalten. Falls Kredite ohne Sicherheiten vergeben und gleichzeitig die Provision bzw. die Bonuszahlungen an das bewilligte Kreditvolumen geknüpft werden, kann es offenbar zu diesem „Kreditwettbewerb" kommen, den die Swedbank im Baltikum geführt hat: Dieses hat dazu geführt, dass die Bank jungen Unternehmern Luxusautos auf Kredit finanziert hat. Man musste „nur Nachweisen, dass man eine Anstellung oder ein Unternehmen hatte".[38] Ein Jungunternehmer hat nun Schulden in Höhe von rund 4 Millionen Schwedische Kronen – nur für Autos. „Noch wahnsinniger ist, dass Kinder im Alter von sechs Jahren bereits eine eigene Bankkarte bekommen konnten", konstatiert Monica Sundberg.[39] „Die Banken können nicht alles auf die Finanzkrise in den USA schieben." Im Eifer am schnellsten die meisten Marktanteile zu

---

[36] Vgl. Grill und Perczynski [1999], S.340-371.

[37] Vgl. ebd., S.342.

[38] Vgl. http://www.vf.se/Arkiv/Asikter/Ledare/2009/04/Kris-till-vilket-pris-090427.aspx

[39] Vgl. ebd.

sichern, waren die schwedischen Banken am stärksten. Am aller eifrigsten war hier jedoch die Swedbank. „Ein Marathonlauf im Sprint", konstatierte ein Angestellter.[40]

Im Laufe des Jahres 2008 war die Swedbank meines Erachtens auch die Nummer eins unter den Schwedischen Banken, als es galt, das Risikomanagement auszubauen und Arbeitsstellen für „Risikoanalysten" auszuschreiben. Wahrscheinlich war dieses als Folge des fehlgeschlagenen und leichtsinnigen Kreditgeschäfts im Baltikum zu betrachten.

Im Jahre 2009 wurde anschließend im Zuge der Bonusdebatte über neuere Bonussysteme diskutiert, die das gesamte Bonussystem transparenter machen sollen.[41] Weiterhin wurden beim G20-Gipfel im amerikanischen Pittsburgh „Änderungen im Vergütungssystem der Spitzenbanker angekündigt – gelten doch Fehlanreize in der Bezahlung als eine Ursache für die Krise." Ein Londoner Investmentbanker bringt dagegen die Lage auf einen anderen Punkt: „Für Super-Banker gibt es auch wieder Super-Boni – wir reden hier von fünf Millionen Dollar und mehr."[42]

Fachleute sehen vor allem an den Finanzzentren London und New York eine Rückkehr der hohen Boni (Zeitpunkt: Mitte 2009), in Frankfurt hielten sich die Exzesse dagegen noch in Grenzen. „Der Bonus-Boom ist weitgehend auf das Investmentbanking begrenzt", sagte Finanzexperte Dieter Hein vom Analysehaus Fairesearch. Fachleute betonen, dass Begrenzungen der Risiken wichtiger sind, als pauschale Deckelungen. Wer überhöhte Risiken eingehe, dürfe dafür am Ende nicht noch belohnt werden.[43] Daraus lässt sich bereits schließen, dass sich weder eine anhaltende noch extreme Änderung bezüglich der Lohnpolitik des Topmanagements durchsetzen lässt.

---

[40] Vgl. ebd.
[41] Vgl. Veckans Affärer (18), S.18-21.
[42] Vgl. http://www.focus.de/finanzen/news/g20-schluss-mit-der-bonus-bonanza_aid_439103.html
[43] Vgl. ebd.

Zusammenfassend lässt sich somit vorerst überspitzt festhalten: Wirtschaftsakteure haben mit Geldern spekuliert, um kurzfristige Gewinne für sich selbst zu generieren, ohne Rücksicht auf die Konsequenzen. „Das Bonus-System der Wall Street hat zu extrem kurzfristigem Denken geführt"[44] – oder besser gesagt: „Nach mir die Sintflut." „In den Führungsetagen machen die Prämien bis zu 90 Prozent des Jahresgehaltes aus. Und der Scheck kommt, wenn die Abteilung die Ziele für das Jahr erreicht hat."[45] Die Politik wirft den Wirtschaftsbossen Verantwortungslosigkeit vor: „In der Begeisterung darüber, schnell und einfach viel Geld verdienen zu können, werden Grenzen und Gefahren ignoriert."[46]

Josef Ackermann, Chef der Deutschen Bank gibt dagegen vor allem kleineren Banken die Schuld, die sich allzu sehr auf das Urteil der Ratingagenturen verlassen haben. Er kritisierte zudem, dass die Risiken in der Bilanz und außerhalb der Bilanz „nicht in einem angemessenen Verhältnis zur Größe und Risikotragfähigkeit dieser Akteure" gestanden hätten.[47] Das staatliche Rettungspaket – finanziert aus Steuergeldern – haben jedoch alle Banken gerne genommen. Die Verantwortungslosigkeit geht also von der Großbank zu den kleinen Banken über. „Die Zeche muss jedoch einer zahlen", und das sind natürlich die Steuerzahler.[48]

Aber sind die Politiker in ihrem Verhalten prinzipiell anders? Es kommen zwar adäquate Vorschlage seitens der Politiker, wie von der stellvertretenden SPD-Vorsitzenden Andrea Nahles, die vorschlug: „In den USA haften Manager mit ihrem Privatvermögen. Das sollten wir auch in Deutschland machen."[49] Aber wie sieht es mit dem Planungshorizont der Bundesregierung aus? Wenn den Wirtschaftsakteuren vorgeworfen wird,

---

[44] Vgl. http://www.zeit.de/online/2009/07/obama-managerboni-kommentar
[45] Vgl. ebd.
[46] Vgl. http://www.bundesregierung.de/Content/DE/Magazine/
MagazinWirtschaftFinanzen/058/s-2-ursachenforschung.html
[47] Vgl. http://www.spiegel.de/wirtschaft/0,1518,503387,00.html
[48] Vgl. http://www.focus.de/finanzen/boerse/finanzkrise/managerhaftung-einer-
muss-die-zeche-zahlen_aid_339083.html
[49] Vgl. ebd.

sie agierten nach dem Motto „nach mir die Sintflut", dann müsste zumindest die Politik einen anderen Kurs fahren. In einem Bericht der Bundesbank [1997] heißt es, dass die Staatsschuld seit Beginn der neunziger Jahre vor allem wegen der fiskalpolitischen Folgen der deutschen Vereinigung sprunghaft gestiegen ist. Falls die hohe Verschuldung nicht zeitlich begrenzt wäre, käme der Staat in die Schuldenfalle, „in der das Staatsdefizit und der Schuldenstand sich infolge schnell wachsender Zinsbelastungen aus sich selbst heraus nähren."[50] Abbildung 1 zeigt die Entwicklung der Staatsverschuldung der Bundesrepublik Deutschland in Mrd. EUR von 1950 bis 2008.

Abbildung 1: Die nominale Staatsverschuldung der Bundesrepublik Deutschlands

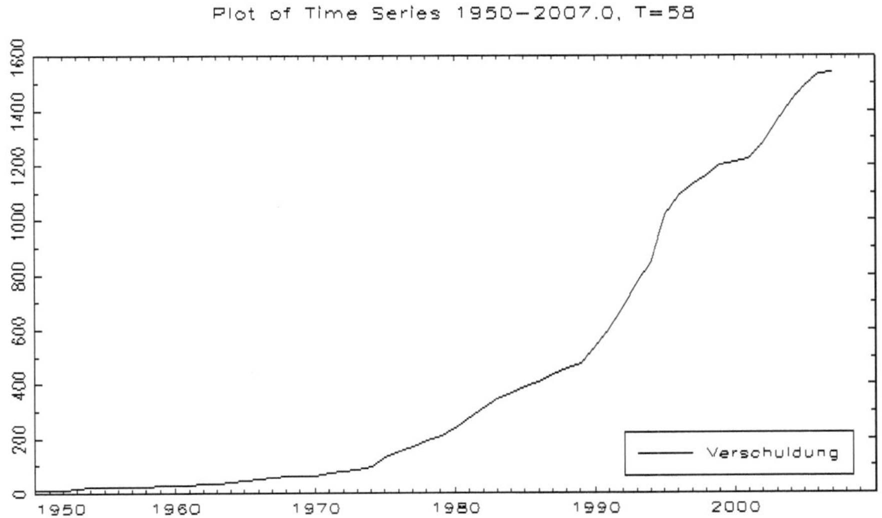

(Quelle: http://www.bundesbank.de/statistik/statistik_wirtschaftsdaten_
tabellen.php#wirtschaftsentwicklung)

---

[50] Vgl. Deutsche Bundesbank [1997], S.17.

Als Gründe für den Anstieg der Schuldenlast nach der Wiedervereinigung werden unter anderem die Übernahme der Schulden der ehemaligen DDR sowie eine träge Adjustierung der Haushaltspolitik angegeben: „Die Haushaltspolitik stellte sich unter diesen Umständen mit ihren einnahmen- und ausgabenpolitischen Entscheidungen zunächst nur unzureichend auf die neue Situation ein, was zur Folge hatte, dass letztlich zu einem beträchtlichen Teil auf die Kreditfinanzierung ausgewichen werden musste."[51]

Aber auch in anderen europäischen Ländern ist eine analoge Entwicklung der Schuldenquote zu sehen. Eine solch hohe Staatsverschuldung führt unweigerlich zu Konsequenzen. Weiter heißt es im Bundesbankbericht von 1997: „Bei einer hohen Kreditfinanzierungsquote wächst die Gefahr, dass der Verschuldungsprozess infolge anschwellender Zinslasten außer Kontrolle gerät; der Konsolidierungskurs, der erforderlich ist, um die Schuldenquote zumindest zu stabilisieren, muss dann je später desto schärfer ausfallen." [52] Es wird hierbei auch auf einen „Verdrängungseffekt am Kapitalmarkt" infolge einer zu starken Inanspruchnahme des Kreditmarktes durch die öffentliche Hand gesprochen.

Der größte Schuldenzuwachs war seitens der Gemeinden zu verzeichnen, wohingegen die inländischen Banken weiterhin den wichtigsten Gläubiger darstellten, da sie knapp die Hälfte der Nettokreditaufnahmen absorbierten.[53] Die Bundesbank kommt zur Schlussfolgerung. „Als Fazit ergibt sich, dass der Ausweg aus der derzeitigen prekären Verschuldungssituation nur in einer überzeugenden Konsolidierungsstrategie besteht. Diese hätte nicht nur eine unmittelbar dämpfende Wirkung auf den Anstieg der Verschuldung, sondern würde überdies die gesamtwirtschaftlichen Bedingungen für die Entwicklung der Zinsbelastung verbessern [...] Eine deutliche Reduzierung der Schuldenquote ist auch deshalb geboten, weil längerfristig aus der

---

[51] Vgl. Deutsche Bundesbank [1997], S.18.
[52] Vgl. ebd., S.23.
[53] Vgl. ebd., S.26-28.

demographischen Entwicklung weitere erhebliche Anforderungen an künftige Generationen erwachsen."[54]

Überspitzt formuliert dürfen die Folgegenerationen die Schuldenlast tragen. Je höher die Schuldenlast heute, desto höher muss die Sparquote – oder: der Konsumverzicht der folgenden Generationen in der Zukunft sein, um die Staatsverschuldung abzubauen. Interessant dabei ist, dass dieser Bundesbankbericht aus dem Jahr 1997 stammt und die Schuldenlast nominal im Zeitraum von 1997 bis 2008 um 38,3% angestiegen ist. Die staatlichen Stützpakete, welche an die Banken infolge der Finanzkrise gerichtet waren, dürften diesen Schuldenanstieg noch beschleunigt haben.

Mit anderen Worten wirft die Politik den Wirtschaftsbossen, die die Verantwortung für die viel zu hohen Bonuszahlungen zu tragen haben und das Geld ihrer Klienten aus „Habgier" verschleudert haben, ein Verhalten vor, das sich polemisch in dem Motto „und nach mir die Sintflut" ausdrücken lässt. Aber hat die Regierung nicht auch die Verantwortung für die viel zu Hohe Staatsverschuldung zu tragen? Die Last, die die Folgegenerationen tragen müssen, scheint in der Politik gar keine Rolle mehr zu spielen. Aus dem Rechnungswesen der Betriebswirtschaftslehre weiß man, dass Verbindlichkeiten auf der einen Seite (Passiva), irgendetwas auf der anderen Seite, nämlich der Vermögensseite (Aktiva), finanzieren. Das gleiche gilt analog für die Staatsschulden, was bedeutet, dass Neuverschuldung – überspitzt formuliert – „in irgendwelche Taschen fließt". Hierbei kann es sich um „öffentliche Investitionen" oder um „öffentliche Konsumtion" handeln.[55]

„Wenn ein Land mehr Geld ausgibt, als es erwirtschaftet, muss es Kapital importieren. Das kann es tun, indem es Vermögenswerte an Ausländer verkauft oder indem es sich bei Ausländern verschuldet." Die amerikanische Wirtschaft hat seit Jahrzehnten aufgrund ihres

---

[54] Vgl. ebd., S.30.
[55] Vgl. Adam [2009], S.141-144.

verschwenderischen, schuldfinanzierten Konsums, Kapital importiert.[56] Aber sieht es in Deutschland und in den übrigen Industrieländern anders aus?

Zusammenfassend lässt sich also sagen, dass das Verhalten der verantwortlichen Akteure in Wirtschaftschaft und Politik gekennzeichnet ist von dem gleichen Motto – „und nach mir die Sintflut." Es lassen sich Verhaltensweisen wie „Habgier" und „Überkonsumtion" diagnostizieren, die in eine Übervorteilung der zukünftigen Generationen mündet. Wenn die Regierung die Verantwortlichen der Wirtschaft tadelt, scheint es für den unvoreingenommen Beobachter manchmal so zu sein, als ob ein Kranker einem Kranken vorwirft, er sei krank, obwohl er selbst die gleiche Krankheit hat.

Folglich lassen sich die Ursachen Finanzkrise nicht ökonomisch klären, sondern es muss ein systempsychologischer Zusammenhang gefunden werden. Aus der Motivationspsychologie ist bekannt, dass Verhaltensweisen in irgendeiner Art und Weise motiviert sind. Aber welches Motivationsmodell kann helfen das Verhalten der wirtschaftlichen und politischen Akteure zu erklären? Das die Politik und die Wirtschaft eng miteinander verknüpft sind, ist keine Neuigkeit mehr. So gibt es zahlreiche Politiker, die neben ihrem politischen Amt noch Zeit haben, in Aufsichtsräten von Unternehmen mitzuwirken, in denen die Entscheidungen des Vorstands prinzipiell genehmigt werden.[57]

Die folgende Abhandlung ist aufgebaut wie folgt: Zuerst wird ein Überblick über ausgewählte Motivationstheorien gegeben. Dabei soll versucht werden, Gemeinsamkeiten der Modelle herauszustellen.

---

[56] Vgl. http://www.welt.de/wirtschaft/article4148818/Konsumflaute-in-den-USA-trifft-auch-Deutschland.html
[57] Vgl. http://www.stern.de/politik/deutschland/abgeordneter-riesenhuber-19-nebenjobs-kein-problem-592545.html

Schließlich soll ein theologischer Motivationsansatz entwickelt werden, welcher anschließend zusammen mit den übrigen Modellen in einem integrativen nutzentheoretischen Ansatz miteinander verknüpft wird. Es soll somit ein neues Motivationsmodell entwickelt werden, welches helfen soll, die Ursache der Finanzkrise im systempsychologischen Zusammenhang zu erklären.

2 Womit beschäftigt sich die Motivationstheorie?

Zur Schule gehen, zum Sport gehen, Hausaufgaben machen, usw. – das sind „die kleinen Ziele", die sich ein Schüler im Laufe eines Tages hat. Später kommen „größere Ziele" hinzu, wie Haus kaufen, Kinder kriegen, Karriere usw. „Ob im Beruf oder im Privatleben, der Mensch liebt es, sich Pflichten aufzuerlegen, Masterpläne zu entwickeln und Zukunftsszenarien zu entwerfen."[58] In der Motivationspsychologie soll die Frage geklärt werden, warum jemand das tut, was er tut. Jeder Mensch hat Bedürfnisse, die teilweise in Konkurrenz zueinander stehen.[59]

Die steigende Innovationsgeschwindigkeit der Unternehmensbereich mündet in wachsenden unternehmerischen Anforderungen.[60] Gemäß einer Umfrage der europäischen Jobbörse StepStone sind nur 13 Prozent der Fach- und Führungskräfte mit ihrer Arbeit zufrieden. Mandel[61] meint in diesem Zusammenhang: „Motivation ergibt sich aus dem Zusammenspiel von Person und Situation. [...] Wichtig ist, selbst zu erkennen, warum man demotiviert ist."[62] Um die Effektivität in einem Unternehmen nachhaltig zu erhöhen, bedarf es jedoch hoch motivierten Mitarbeitern.[63] Sperling, Gründer der Unternehmensberatung Coverdale Deutschland, betont: „Kurzfristige Belohnungssysteme wie Zusatzprämien sind eher ungünstig". Mandel unterstreicht hierbei, dass die Anerkennung der Leistung und die Einbindung in Entscheidungsprozesse Anreize schaffen.[64]

Hierbei sieht man, dass sich die Motivationsforschung auch in den unternehmerischen Bereich hineinreicht. Unternehmen wollen ihre

---

[58] Vgl. Westerhoff [2009], S.20.

[59] Vgl. ebd.

[60] Vgl. Guthof [1995], S.1.

[61] Lehrstuhlinhaber für empirische Pädagogik und Pädagogische Psychologie der Universität München.

[62] Vgl. http://www.focus.de/karriere/management/motivation/tid-5265/motivation_aid_50340.html

[63] Vgl. Dörfler [1993], S.99.

[64] Vgl. http://www.focus.de/karriere/management/motivation/tid-5265/motivation_aid_53775.html

Arbeitnehmer „motivieren", um dadurch eine „bessere Performance" zu erzielen.

Menschen, die unter Depressionen leiden, mangelt es häufig an „Antrieb" bzw. Motivation.[65] Dieses veranlasst auch die Medizin die Motivation zu Erforschen, da Menschen, die unter Depressionen leiden, einen gesellschaftlichen Risikofaktor darstellen: Hierbei geht es nicht nur um die teure psychologische Therapiemaßnahmen, sondern auch um den „Humankapitalverlust". Ein Arbeitnehmer, der unter einer Depression leidet, leistet folglich weniger, als ein hochmotivierter Angestellter. „Depressionen haben weitreichende Auswirkungen auf das Alltagsleben der Betroffenen."[66]

Eine Untersuchung vom Depression Center der University of Michigan (USA) ergab, dass die depressiven Beschäftigten im Rahmen der Untersuchung die Folgen von Depressionen bestätigten: „Die Erkrankung führt zu erhöhten krankheitsbedingten Ausfällen und verminderter Arbeitsfähigkeit. Die Mehrheit der depressiven Beschäftigten (51 Prozent) gab an, dass sie von den Symptomen ihrer Erkrankung schon einmal so betroffen waren, dass sie nicht zur Arbeit gehen konnten. Ein Drittel der Befragten verpasst mindestens einen Arbeitstag monatlich, wenn sie an einer depressiven Episode leiden, jeder Zehnte sogar drei oder mehr Arbeitstage. 21 Prozent der depressiven Beschäftigten gaben in der Untersuchung zudem an, dass ihre Depression teilweise oder sogar komplett ihre Fähigkeit einschränkt, ihre Aufgaben im Arbeitsumfeld zu erfüllen – etwa wegen fehlender Motivation, Konzentrations-schwierigkeiten, körperlich-schmerzhaften Beschwerden oder dem Gefühl, von Aufgaben überfordert zu sein."[67]

Diese Ausführungen zeigen, dass die Motivation offensichtlich das Pivot- oder Schlüsselelement ist, von dem jede Art von Agieren abhängt.

---

[65] Vgl. Wang, Brennen und Holte [2006], S.505-511.
[66] Vgl. http://www.journalmed.de/newsview.php?id=8521
[67] Vgl. ebd.

Aufgrund einer Motivation kommt es zu Verhaltensweisen, die das private, soziale und berufliche Leben – streng genommen – determinieren.

3 Integrationsansatz der Motivationstheorie

Ziel der Motivationstheorie und -forschung ist es, menschliches Verhalten durch eine letzte plausible Größe zu begründen, um es somit besser erklärbar und vorhersagbar machen zu können.[68] In der Literatur werden unterschiedliche Motivationstheorien diskutiert. Die folgenden Ausführungen stützen sich jedoch auf den so genannten Integrationsansatz, in dem versucht wird, verschiedene Theorien miteinander zu verknüpfen.[69]

Beim Integrationsansatz werden Motive als psychologisches Konstrukt verstanden, durch die Phänomene, wie menschliches Verhalten, transparent gemacht werden können.[70] Jongebloed [1977] meint hierzu: „Motive werden damit als grundlegende Verhaltensparameter angesehen, und stellen somit die Basis für [...] Erklärungsversuche im Rahmen der Motivation und Motivierung dar. Entsprechend der heuristischen Vorstellung vom psychologischen Konstrukt werden sie als abgeleitete Größe verstanden."[71] Die möglichen Kombinationen von Motiven werden hierbei von so genannten „Kräften" und einem Umweltkontinuum determiniert, welche sich in einem Spannungsfeld zueinander befinden.[72]

Unter dem Begriff „Kräfte" werden zum Beispiel Instinkt, Reiz und Reflex, Trieb, Wille und Gefühl sowie Bedürfnis subsumiert.[73] Im Spannungsfeld, welches aus „Kräften" und Umweltkontinuum besteht, werden Motive durch vier Wirkungsprinzipen generiert, die ihrerseits

---

[68] Vgl. Toman [1968], S.15ff.
[69] Vgl. Jongebloed [1977], S.4.
[70] Vgl. Heckenhausen [1965], S.603.
[71] Vgl. Jongebloed [1977], S.4.
[72] Vgl. Hofstätter [1966], S.16.
[73] Vgl. Jongebloed, [1977], S.2.

wiederum individuell unterschiedlich ausgeprägt sind.[74] Das homöostatische Prinzip beschreibt hierbei den Zusammenhang, das Menschen als Systeme nie im Gleichgewicht sein können, da die Befriedigung des einen Bedürfnisses potenziell die Nichtbefriedigung des gegenteiligen Bedürfnisses beinhaltet.[75] Das hedonistische Prinzip dagegen, begründet von Bentham im Jahre 1789, beschreibt im Allgemeinen das Streben des Menschen nach Glücks.[76] Zudem können „Kräfte" auch durch das hormonell-neuropphysiologische Prinzip beeinflusst werden, welches den neurologischen Zusammenhang beschreibt, dass das limbische System emotionales menschliches Verhalten steuert und somit das Zentrum für Gefühle darstellt.[77]

Unter dem biologischen Prinzip kann dagegen das Streben des Menschen nach Deckung der von Maslow im Jahre 1954 definierten Grundbedürfnisse, wie beispielsweise Essen und Trinken, Kleidung und Wohnung, verstanden werden.[78] „Wenn somit die Entstehung von Motiven als Funktion von Kräftefeld und Umweltkontinuum [...] zu verstehen ist, also die Auseinandersetzung zwischen phylogenetischen und sozialisationsbedingten Faktoren [...], dann kann die Anzahl von Motiven bzw. Motivkomplexen bei Individuen durchaus unterschiedlich sein, da sowohl phylogenetisches Kräftepotential als auch die die Sozialisation determinierende Umwelt unterschiedlich komplex sein können."[79]

---

[74] Vgl. Thomae [1965], S.479-487.

[75] Vgl. http://www.ku-eichstaett.de/Fakultaeten/PPF/fachgebiete/Paedagogik/lehrstuehle/grundschulpaed/Forschung/ipk/theorie/handbuch

[76] Vgl. Bentham [1948], S.33-35.

[77] Vgl. http://www.zum.de/Faecher/Materialien/beck/12/bs12-42.htm, Zugriff am 17.02.2009, 16.25 Uhr.

[78] Vgl. Maslow [1954], S.388f.

[79] Vgl. Jongebloed [1977], S.5.

3.1 Motive und Motivkomplexe

Die im Spannungsfeld durch die oben erwähnten Prinzipen generierten Motive, m_{ik}, wobei der Index $i \in I$ die einzelnen Individuen kennzeichnet und der Index $k \in K$ die unterschiedlichen Motive kennzeichnet, sind gemäß Heckenhausen [1968] als im Individuum implementierte Besonderheiten zu verstehen.[80] Ferner meint Dörfler [1993], dass die Motivstruktur eines Menschen nach der Erziehung weitestgehend gefestigt und nur schwer veränderbar ist.[81]

Daher sind Motive selbst ein Resultat von Verhaltensprozessen oder von Lernprozessen und stellen den Ausgangspunkt menschlichen Verhaltens dar.[82] Es ergibt sich somit folgender formaler Zusammenhang:

$$m_{ik} = f\left(K,U\right) \qquad (1)$$

In Gleichung (1) bezeichnet m_{ik} das Motiv k des Individuums i, K bezeichnet die sich im Spannungsfeld befindlichen Kräfte, U kennzeichnet das sozialisations-bedingte Umweltkontinuum und $f\left(.\right)$ kennzeichnet den Funktionsoperator. Zudem sind auch Motivkomplexe denkbar, wobei der Motivkomplex M aus einer Teilmenge $L \subseteq K$ besteht. Falls $l \in L$ gilt, und unter der Bedingung $L \subseteq K$ erhält man für einen Motivkomplex M beispielsweise Gleichung (2):

$$M = \sum_{l \in L | L \subseteq K} m_{ik} \qquad (2)$$

Dieses kann nützlich sein, falls Motivstrukturen untersucht werden, welche komplexerem Verhalten zugrunde liegen. Die Verknüpfung von

---

[80] Vgl. Heckenhausen [1963], S.615.
[81] Vgl. Dörfler [1993], S.107.
[82] Vgl. Jongebloed [1977], S.6.

Motivkomplex M ist in Gleichung (2) linear und gleich gewichtet, welches somit den einfachsten Fall eines Motivkomplexes darstellt.[83]

3.2 Motivationsprozess und Motivation

Das Vorhandensein von Motiven an sich bewirkt kein intendiertes menschliches Verhalten. Vielmehr bedarf es einer Strukturierung von Motiven, die Bereitschaft zu Verhalten bewirkt.[84] Dieser Motivierungsprozess, in dem die Strukturierung von Motiven stattfindet, „führt bei seinem Abschluss zu einer in bestimmter Weise ausgeprägten Motivation [...]. Motivation ist damit als Ergebnis eines intrapersonal ablaufenden Motivstrukturierungsprozesses anzusehen und bezeichnet nicht die Motive selbst, sondern deren spezielle verhaltensorientierte Ordnung."[85] Formal ergibt sich folgende Gleichung:

$$\phi = g\left(M\right) = g\left(\sum_{l \in L \mid L \subseteq K} m_{ik}\right) \tag{3}$$

In Gleichung (3) kennzeichnet der Funktionsoperator $g\left(.\right)$ den Motivationsprozess, M kennzeichnet analog zu Gleichung (2) einen Motivkomplex und ϕ als abhängige Variable kennzeichnet die Motivation. Der Motivationsprozess wird dadurch ausgelöst, dass ein Individuum in seiner Umwelt Situationen ausgesetzt ist, welche nicht dem Ordnungssystem der Motive des Individuums entsprechen. Ohne einen Motivationsprozess wäre kein intendiertes Verhalten eines Individuums möglich, falls es mit einer Situation konfrontiert wird, welche in anderer Weise strukturiert ist, als die Motive desselbigen Individuums.[86]

---

[83] Eigene Darstellung in Anlehnung an Heckenhausen [1963], S.615 und Jongebloed [1977], S.5f.
[84] Vgl. Heckenhausen [1968], S.194.
[85] Vgl. Jongebloed, [1977], S.6.
[86] Vgl. Heckenhausen [1968], S.194ff.

Als Motivierung ist in diesem Kontext die intendierte Umgestaltung von Umweltsituationen zu sehen, mit der ein Individuum konfrontiert ist.[87] Da die Motivation somit nicht nur von strukturierten Motiven, sondern auch von der Motivierung, welche die Menge aller gegebenen Situationen und Aktionsparameter beinhaltet, abhängig ist, kann Gleichung (3) durch Gleichung (4) substituiert werden:[88]

$$\phi = h\big(g(M), Motivierung\big) \text{ mit}$$

$$Motivierung = \{Situationen, Aktionsparameter\} \tag{4}$$

Die Variablen Motivation und Fähigkeit können dabei helfen, das Verhalten eines Menschen zu beschreiben, wobei die Fähigkeiten die Obergrenze des realisierten Verhaltens und die Motivation die Untergrenze des realisierten Verhaltens darstellen. Das potentielle Verhalten ist somit umso größer, je mehr Fähigkeiten ein Individuum hat.[89]

Wenn angenommen wird, dass das Fähigkeitspotential als exogen gegeben betrachtet werden kann, ist es verständlich, dass eine Verhaltensänderung von Schülern, respektive Arbeitnehmern bzw. Menschen überhaupt, nur durch eine Änderung der Motivationsvariablen herbeigeführt werden kann.[90]

Da der Integrationsansatz nach Jongebloed [1977] auf den ersten Blick sehr abstrakt erscheint, soll im Folgenden ein kurzes Beispiel gegeben werden: Nimmt man an, ein Schuljunge hat nachmittags nach der Schule 3

---

[87] Vgl. Jongebloed [1977], S.7.
[88] Eigene Darstellung in Anlehnung an Jongebloed [1977], S.7.
[89] Vgl. Jongebloed [1977], S.7-9.
[90] Mit Verhaltensänderung ist in diesem Kontext zum Beispiel eine Leistungssteigerung gemeint.

Motive: „Fußball spielen", „Mittag essen" und „Hausaufgaben" machen. Den größten Nutzen hat für den Jungen hat „Fußball spielen". „Mittag essen" tut er nur dann gerne, wenn es Nachtisch gibt und am wenigsten mag er Hausaufgaben. Im einfachsten Fall, sind die Motive ordinal skaliert und man erhält

$$g(M) = \begin{cases} Fußball: & \text{"sehr gerne"} \\ Essen: & \text{"indifferent"} \\ Hausaufgaben: & \text{"ungerne"} \end{cases} .$$

Die Situations- und Aktionsparameter seien zusammengefasst und gegeben durch: „Er macht es sofort", „er macht es nachmittags" und „er macht es abends". Was ist nun die Motivation, das der Schüler zuerst Mittag isst, dann Hausaufgaben macht und abends Fußball spielt? Da es drei Motive und drei Situations- und Aktionsparameter gibt, gibt es $3! = 3 \cdot 2 \cdot 1 = 6$ Möglichkeiten den Tag zu gestalten. Mögliche Konsequenzen wirken motivierend und werden im Motivationsprozess erfasst und bewertet. Obwohl der Schüler am liebsten Fußball spielt, weiß er, dass seine Mutter ihn spätestens um 17.00 Uhr hineinruft, um Hausaufgaben zu machen, falls er sie nicht nachmittags macht.

Erledigt er seine Hausaufgaben schnell, kann er vielleicht schon um 15.00 Uhr nach draußen und könnte dann bis 21.00 Uhr Fußball spielen. Es hängt also davon ab, wie schnell der Schüler mit den Hausaufgaben ist, was immer unterschiedlich ist, aber die Wahrscheinlichkeit bis um 15.00 Uhr fertig sein zu können bewertet der Schüler im Durchschnitt 80%. Außerdem hat er Hunger nach der Schule. Er weiß, wenn er nichts isst, knurrt der Magen und er könnte maximal eine Stunde Fußball spielen, bis ihm schlecht wird und er nicht weiterspielen kann.

Außerdem weiß er noch nicht, ob es Nachtisch gibt oder nicht. Die Wahrscheinlichkeit, dass es Nachtisch gibt, ist auch etwa 80%. Der Schüler weiß aus Erfahrung, dass er viel mehr Tore schießt, wenn er vorher eine schöne Quarkspeise gegessen hat. Alle diese Überlegungen werden in der

Funktion $h\big(g(M),Motivierung\big)$ bewertet. Das Ergebnis kann das Verhalten ϕ sein, dass der Schüler nach der Schule zuerst isst, dann seine Hausaufgaben erledigt und anschließend zum Fußball spielen geht.

3.3 Extrinsische und intrinsische Faktoren

Nach Stroebe [2004] läuft der Motivationsprozess in fünf Schritten ab. Im ersten Schritt entsteht ein Bedürfnis, wodurch im darauf folgenden Schritt eine Bedürfnisspannung entsteht. Im dritten Schritt werden Energien frei und erzeugen eine bestimmte Aktivität, wobei vorausgesetzt wird, dass eine reale Chance besteht, dass das Bedürfnis befriedigt werden kann. Schließlich baut sich die Spannung im nächsten Schritt ab, während die Bedürfnisbefriedigung stattfindet. Der fünfte Schritt ist analog dem ersten, wobei hier ein neues Bedürfnis im Fokus liegt.[91] Anreize, die Bedürfnisse evozieren und Bedürfnisse selbst sind unterschiedlicher Art.

3.3.1 Extrinsische Faktoren

Gemäß Rheinberg [2006] bedeutet extrinsisch „äußerlich" oder „nicht wirklich dazugehörend".[92] Das bedeutet in diesem Kontext, dass diese Bedürfnisse eher durch äußere Anreize entstehen und sich nicht spontan entwickeln.[93] Extrinsisch motivierte Verhaltensweisen werden mit instrumenteller Absicht durchgeführt, wobei das Resultat im Fokus der Handlung steht. Dabei werden sie durch äußere Aufforderungen hervorgerufen, deren Ausführung eine positive Bekräftigung erwarten lässt.[94] Heckenhausen [1968] subsumiert die Bedürfnisse nach

---

[91] Vgl. Stroebe [2004], S.37f.

[92] Vgl. Rheinberg [2006], S.149.

[93] Vgl. Schlag [2004], S.21.

[94] Vgl. www.uni-bielefeld.de/psychologie/ae/AE09/HOMEPAGE/Wild/Protokoll22.rtf

Identifikation, Zustimmung, Geltung, Abhängigkeit und Strafvermeidung unter die extrinsischen Faktoren.[95]

3.3.2 Intrinsische Faktoren

Nach Rheinberg [2006] bedeutet intrinsisch „innerlich", „eigentlich" oder „wahr". Intrinsische Faktoren bedingen demnach Tätigkeiten, welche durch innere Anreize entstehen.[96] Sie sind abhängig von Charaktereigenschaften und Erfahrungen eines Individuums, da sie individuell entstehen und verschieden ausgeprägt sind.[97] Heckenhausen [1968] bezeichnet intrinsische Faktoren als „Anregungsvariablen" und subsumiert sachbereichsbezogenen Anreiz, Neuigkeitsgehalt, Erreichbarkeitsgrad und Anreiz von Aufgaben darunter.[98] Intrinsisch motivierte Verhaltensweisen gelten als Prototyp selbstbestimmten Verhaltens (vgl. Deci und Ryan [1993]), da diese interessensevozierten Handlungen keine intrapsychischen Anstöße[99] erfordern. Intrinsisch motivierte Verhaltenweisen bedingen Neugier, Exploration, Spontanität und Interesse an der Umwelt.[100]

Extrinsisch motivierte Verhaltensweisen haben in Gegensatz zu intrinsisch motivierten Verhaltensweisen einen stärkeren, aber kurzfristigeren Effekt. Da intrinsische motivierte Verhaltensweisen interessensevoziert sind, ist ihre Befriedigung langfristiger, da der Prozess selbst befriedigend ist. Demgegenüber liegt bei extrinsisch motivierten Verhaltensweisen der Anreiz im Resultat und daher wird das Ende des Prozesses so schnell wie möglich hervorgerufen, um in den Genuss der Belohnung zu kommen. In Hinblick auf (Lern-)motivation, ist intrinsisch motiviertes Lernen dem extrinsisch motivierten Lernen überlegen, da bei

---

[95] Vgl. Heckenhausen [1968] S.195.
[96] Vgl. Rheinberg [2006], S.149.
[97] Vgl. Schlag [2004], S.21.
[98] Vgl. Heckenhausen [1968], S.195.
[99] Intrapsychische Anstöße sind zum Beispiel Drohungen in diesem Kontext.
[100] Vgl. www.uni-bielefeld.de/psychologie/ae/AE09/HOMEPAGE/Wild/Protokoll22.rtf

ersterem der Lernprozess aus eigenem Interesse und ohne äußeren Druck verläuft.[101]

4 Motivationstheorie in Unternehmen

Arbeitnehmer, welche sich an ihrem Arbeitsplatz wohl fühlen, liefern nicht nur bessere Ergebnisse, sondern fühlen sich auch glücklicher und ziehen gleichzeitig für sich selbst mehr Nutzen aus ihrer Arbeit gegenüber denjenigen Angestellten, die sich an ihrem Arbeitsplatz nicht wohl fühlen. Im Sinne von Csikszentmihalyi [1990 & 1996] erfordert dieses, dass der Arbeitnehmer Spaß hat an dem, was er tut.

Man kann nicht erfolgreich sein in einer Sache, unabhängig davon, um was es sich handelt, wenn man keine Freude dabei verspürt. Zudem ist es wichtig, dass man dem, was man tut, eine Bedeutung beimisst. Die Frage ist, wie sollte das Leben und die Arbeitsumgebung ausgerichtet werden, um die Entwicklung von Menschen und dem Anwachsen des Glücksgefühls zu unterstützen?[102] Glücklichkeit und Kreativität sind positiv korreliert und falls Menschen etwas Neues entdecken und entwickeln, führt dieses prinzipiell auch zu einer Steigerung des Glücksgefühls.

Menschen teilen die Fähigkeit beinahe an allem Freude zu empfinden, vorausgesetzt sie entwickeln oder entdecken etwas Neues. Daher ist es wichtig, dass Arbeitgeber den Arbeitnehmern Aufgaben zuteilt, welche der individuellen Kreativität des Arbeitnehmers gerecht werden und diese nachhaltig beanspruchen.[103]

Im Sinne von Tokoro [2004] kann dieses durch die Schaffung von so genannten „autotelischen Kreaturen" erreicht werden. Dieses bedeutet, dass die motivierende Triebkraft (telos) von dem Individuum selbst her

---

[101] Vgl. Schlag [2004], S.21ff.
[102] Vgl. Csikszentmihalyi [1990], S.85.
[103] Vgl. ebd. [1996], S.8-12.

entspringt (auto) und somit nicht externen Ursprungs ist, wie beispielsweise Belohnungen oder Bestrafungen.[104]

Im Kontext der Motivationstheorie handelt es sich also hierbei um intrinsisch motivierte Verhaltensweisen. Im Weiteren soll hier auf die vom Psychologen Csikszentmihalyi entwickelte „Flow-Theorie", sowie deren Verknüpfung mit der Motivationstheorie näher eingegangen werden.

4.1 Csikszentmihalyis Flow-Theorie

Csikszentmihalyi [1990, 1996 & 2003] erforschte, unter welchen Bedingungen Menschen Befriedigung bei ihrer Tätigkeit empfinden und fand dabei heraus, dass die meisten Glücksmomente dabei entstehen, wenn die individuellen Fertigkeiten eines Menschen mit den Herausforderungen, denen er begegnet, im Equilibrium sind. Diese Gleichgewichtssituationen definiert Csikszentmihalyi als „Flow-Erfahrungen". Damit ist die Aufgabe von guten Managern, Arbeitsumgebungen zu schaffen, welche so viele Gleichgewichtsmomente wie möglich evozieren.[105]

Csikszentmihalyi [1996, 2003] definiert ferner acht Bedingungen, welche erforderlich sind, um solche Equilibria bzw. „Flows" zu erreichen. Die erste Bedingung ist, dass es für jeden Arbeitsschritt klare Ziele gibt. Klarheit der Ziele ermöglicht, dass Menschen jedem einzelnen Schritt Aufmerksamkeit schenken können, sowie die Ausführung eines jeden Schrittes einschätzen und verstehen können.[106]

Als nächste Bedingung ist eine unmittelbare Resonanz bezüglich der Tätigkeit des Arbeitsnehmers zu nennen. Es ist schwierig für Arbeitnehmer, sich auf deren Arbeit zu fokussieren, falls sie im Ungewissen darüber sind, wie gut sie ihre Arbeit leisten. Ein Equilibriumszustand erfordert daher, dass ein Arbeitnehmer stets über seine persönliche Leistung informiert ist.[107]

---

[104] Vgl. Tokoro [2004], S.139.
[105] Vgl. Vogt [2005], S.111-123.
[106] Vgl. Csikszentmihalyi [1996], S.111.
[107] Vgl. ebd.

Die dritte Bedingung ist gemäß Csikszentmihalyi, ein Gleichgewicht zwischen den persönlichen Fertigkeiten eines Individuums und den Aufgaben, mit denen es konfrontiert ist. Falls ein Arbeitnehmer viele Fertigkeiten hat, aber mit Tätigkeiten konfrontiert wird, die nur wenige seiner Fertigkeiten beanspruchen, wird sich dieser gelangweilt fühlen. Falls die Aufgaben zu schwierig sind, wird er sich dagegen gestresst und ängstlich fühlen, da er befürchtet, zu versagen.[108]

Die vierte Bedingung ist, dass die Tätigkeiten mit dem Bewusstsein des Menschen verschmelzt sind. Falls ein Individuum mit einer Tätigkeit konfrontiert ist, welche klare Ziele beinhaltet und unmittelbare Resonanz bietet, ist es wahrscheinlich, dass ein Mensch in diese Tätigkeit involviert wird. Als Konsequenz braucht man nicht länger darüber nachdenken, was man tun muss, sondern handelt spontan oder nahezu automatisch. Das Individuum ist fokussiert auf das, was es tut und der Arbeitsprozess erscheint folglich mühelos zu verlaufen.[109]

Der fünfte Punkt ist die Bedingung, dass nur die Gegenwart von Bedeutung ist. Falls ein Individuum auf das, was greifbar ist, konzentriert ist, kann es infolgedessen andere Sorgen oder Gedanken auszublenden. Die Welt des „Flows" ist demnach nicht nur im Raum, sondern auch in der Dimension Zeit beschränkt.[110] Der „Flow" kann demnach also auch als Fluchtmechanismus vor der Wirklichkeit interpretiert werden.[111]

Die sechste Bedingung ist die Kontrolle der Situation. Im Equilibrium verspürt das Individuum eine vollständige Kontrolle der Situation. Das Individuum weiß, dass solange es die Aufgaben anerkennt und geeignete Fertigkeiten entwickelt, um diesen Aufgaben gerecht zu werden, wird es mit großer Wahrscheinlichkeit mit der Tätigkeit fertig werden.[112]

---

[108] Vgl. Bergmann und Klefsjö [2003], S.348f.
[109] Vgl. Csikszentmihalyi [1996], S.111f.
[110] Vgl. ebd. [2003], S.49.
[111] Vgl. ebd. [1996], S.112.
[112] Vgl. ebd. [2003], S.50.

Die siebte Gleichgewichtsbedingung ist, dass der Sinn für Zeit modifiziert ist. In der Realität bewerten Menschen Zeit subjektiv, gemäß ihrem Empfinden. Entweder scheint die Zeit zu schnell oder zu langsam zu vergehen oder manchmal scheint es so zu sein, dass die Zeit still steht. Im „Flow" verspürt das Individuum dagegen, dass die Zeit angepasst ist. Mit anderen Worten, ein Individuum verspürt keinen Zeitdruck, sondern kontrolliert die Zeit vielmehr.[113]

Die letzte Gleichgewichtsbedingung ist das Verschwinden des Selbstbewusstseins, welches in diesem Kontext bedeutet, dass das Individuum nicht auf sich selbst, sondern vielmehr auf die Tätigkeit selbst konzentriert ist, mit der es konfrontiert wird. Während des Flows ist das Individuum zu beschäftigt und daher nicht in der Lage sein Ego schützen. Dagegen kann das Individuum mit einem gestärkten Selbstkonzept aus der Aufgabe hinausgehen, indem es das Bewusstsein erhält, eine schwierige Herausforderung erfolgreich gemeistert zu haben.[114]

Die Kombination aller dieser Elemente führt den Zustand einer tiefen Freude herbei, der so lohnend für Menschen ist, dass ein beträchtlicher Anreiz lediglich in der Erreichung dieses Glücksgefühls besteht.[115] Abbildung 2 soll die Flow-Dynamik verdeutlichen. Eine Flow-Erfahrung kann zum Beispiel entstehen, wenn die Fertigkeiten eines Individuums hoch sind und es mit anspruchsvollen Aufgaben konfrontiert wird. Eine typische Tätigkeit beginnt beispielsweise bei Vektor A1, wobei Fertigkeiten und Aufgaben ein niedriges Niveau aufweisen. Falls das Fertigkeitsniveau ansteigt, das Aufgabenniveau jedoch konstant bleibt, kann keine Flow-Erfahrung entstehen, da Fertigkeits- und Aufgabenniveau unbalanciert sind. Das Individuum verspürt dagegen Langeweile und befindet sich geometrisch gesprochen in der Situation wider, welche der Vektor A2 charakterisiert.

---

[113] Vgl. Csikszentmihalyi [2003], S.53.
[114] Vgl. edb. [1996], S.112.
[115] Vgl. Primeaux und Vega [2002], S.97-108.

Um zum Flow-Kanal zurückzugelangen, muss demnach das Aufgabenniveau erhöht werden, so dass das Individuum zu der des Vektor A4 entsprechenden Zustandes gelangt. Falls dagegen das Aufgabenniveau zu stark erhöht wird im Gegensatz zum Fertigkeitsniveau, wird sich das Individuum in einer Situation wieder finden, in der es Angst, Frustration und Beunruhigung verspürt, welches geometrisch dem Vektor A3 entspricht.[116]

---

[116] Vgl. Bergmann und Klefsjö [2003], S.349.

Abbildung 2: Die Dynamik des Flows

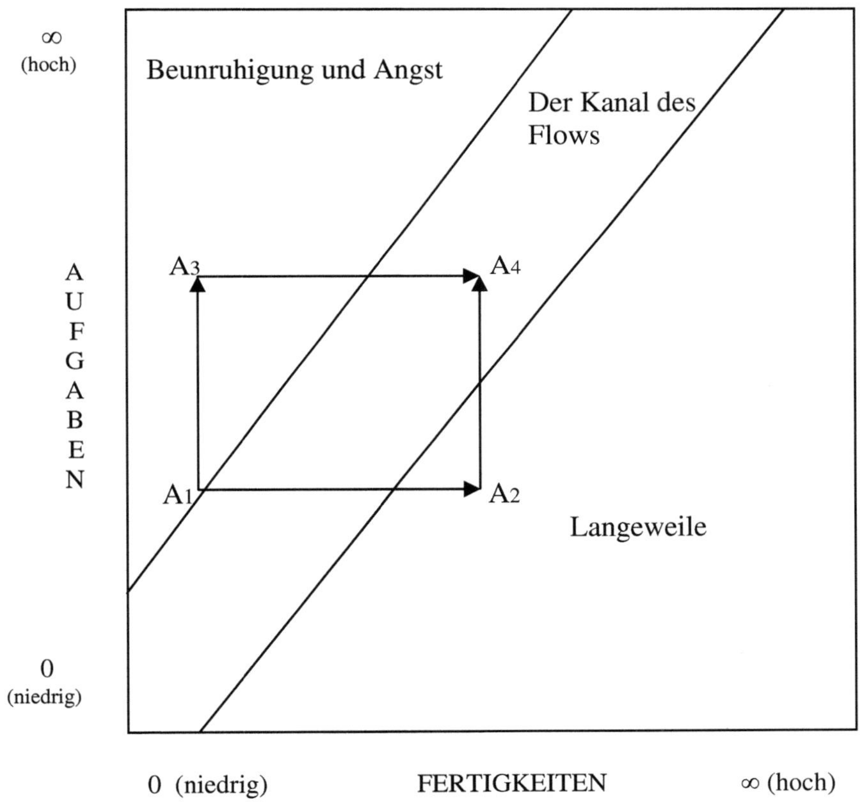

4.2 Flow und Motivation

Gemäß Kondo (1991) ist es wichtig, dass Arbeitnehmer befähigt werden, ihre Kreativität während ihrer Tätigkeit zu nutzen, eine Rolle in einem sozialen Umfeld zu spielen sowie Freude an materieller Arbeit zu empfinden.[117] Dieses ist gleichzeitig auch eng verknüpft mit der Flow-Theorie im Sinne von Csikszentmihalyi [1997], da nach dieser Theorie jemand genau dann die größte Freude erfährt, falls er etwas Neues schafft oder während eines Entdeckungsprozesses.[118]

4.2.1 Maslows Bedürfnishierachie

Maslow [1954] entwickelte ein Modell, in dem die Grundbedürfnisse von einem Individuum stets zuerst befriedigt werden, bevor Bedürfnisse eines höheren Niveaus, wie beispielsweise Selbsterfüllung, befriedigt werden. Sobald Bedürfnisse eines bestimmten Niveaus befriedigt sind, wendet sich das Individuum dem nächst höheren Niveau zu, um die korrespondierenden Bedürfnisse zu befriedigen, da die Bedürfnisse des darunter liegenden Niveaus nicht mehr motivierend wirken.[119]

Gemäß Maslow [1954] lassen sich sechs unterschiedliche Bedürfnis-ebenen unterscheiden. Als unterste Ebene nennt er die physiologischen Bedürfnisse, unter die er Schlafen, Essen, Trinken und dergleichen subsumiert. Falls alle diese Bedürfnisse erfüllt sind, wendet sich das Individuum der nächst höheren Ebene zu, welche in dem Modell als Bedürfnis nach Sicherheit bezeichnet wird und worunter Bedürfnisse wie Schutz vor körperlichem oder emotionalem Schaden, sowie das Bedürfnis einen sicheren Arbeitsplatz oder ein sicheres Leben zu haben, subsumiert werden.

Die nächste Ebene in diesem Modell stellen die so genannten sozialen Bedürfnisse dar, worunter zum Beispiel die Bedürfnisse nach Freundschaft

---

[117] Vgl. ebd, S.343.
[118] Vgl. Csikszentmihalyi [1997], S.8-12.
[119] Vgl. http://www.netmba.com/mgmt/ob/motivation/maslow/

und Liebe subsumiert werden. Sind alle Bedürfnisse dieser vier Ebenen erfüllt, wendet sich das Individuum der fünften und somit vorletzten Hierarchieebene zu, welche in dem Modell als Ebene der Achtung bezeichnet wird. Hierunter sind beispielsweise Bedürfnisse wie das Bedürfnis nach Respekt, Prestige und Ansehen zu subsumieren. Die letzte Hierarchieebene wird nur von wenigen Individuen erreicht.

Abbildung 3: Die Bedürfnishierarchie nach Maslow

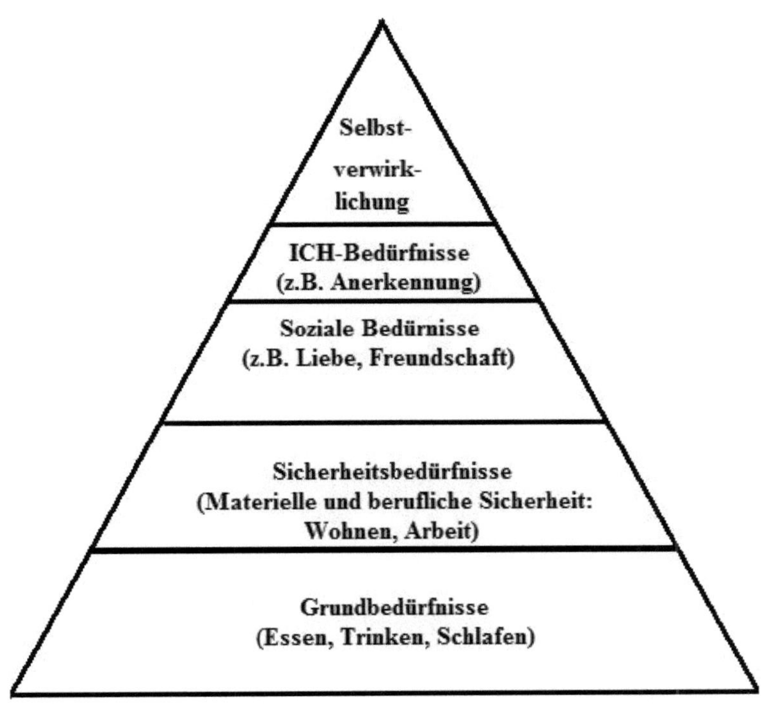

(Quelle: In Anlehnung an: http://www.abraham-maslow.com/m_motivation/Hierarchy_of_Needs.asp)

In Maslows Modell ist es die Ebene der Selbstverwirklichung, die nahezu unnahbar zu sein scheint. Die Ebene ist grenzenlos und umfasst das volle Potential eines Menschen als Person. Hierunter fallen Bedürfnisse wie das Bedürfnis nach Wirklichkeit, Sinn und Gerechtigkeit. Menschen, welche das höchste Niveau erreichen, erleben Höhepunkte, die als energetisierte Momente von extensiver Glücklichkeit und Harmonie bezeichnet werden.[120]

Ferner besteht offenbar eine klare Verbindung zwischen den von Maslow [1954] dargestellten Höhepunkterlebnissen und den von Csikszentmihalyi [1990, 1996, 1997 & 2003] definierten psychologischen, optimalen oder Gleichgewichtszuständen, welche als „Flow" bezeichnet. Der Unterschied besteht vielmehr darin, dass Maslow die Ansicht vertritt, dass nur wenige Menschen diese Höhepunkterlebnisse erfahren könnten. Dagegen ist gemäß Csikszentmihalyis Flow-Theorie jedes Individuum in der Lage, diesen „Flow" zu erleben. Leute, die es gelernt haben, psychologisches Kapital zu bilden, können permanent diesen „Flow" verspüren, wohingegen es für andere Menschen zwar schwieriger, jedoch nicht unmöglich ist, diese Gleichgewichtszustände zu erreichen.[121]

Weiterhin fällt ins Auge, dass das „Bedürfnis nach Liebe" bei Maslow [1954] unter die sozialen Bedürfnisse subsumiert wird. Man beachte, dass Maslow argumentiert, dass erst alle Bedürfnisse einer Hierarchieebene befriedigt sein müssen, bis die sich Motivation eines Menschen auf die Befriedigung der Bedürfnisse der nächst höheren Ebene richtet.

---

[120] Vgl. http://www.abraham-maslow.com/m_motivation/Hierarchy_of_Needs.asp
[121] Vgl. Primeaux und Vega [2002], S.97-108.

4.2.2 Die X-, Y- und Z-Theorien

Gegenstand der X- und Y-Theorien von McGregor [1960] und der Z-Theorie von Ouchi ist es zu determinieren, wie Manager ihre Angestellten führen. In der Y-Theorie werden Mitarbeiter als Menschen betrachtet, welche von Natur aus arbeiten wollen und welche die Arbeit als eine Gelegenheit ansehen, sich selbst zu entwickeln. Im Gegensatz dazu ist in der X-Theorie die Struktur wichtiger als das Verstehen und die Entwicklung der Mitarbeiter.

Die Mitarbeiter werden in beiden Theorien unterschiedlich von den Führungskräften behandelt. Da die Mitarbeiter in der X-Theorie die ihnen gestellten Tätigkeiten nicht mögen und nur arbeiten aufgrund monetärer Zwecke, müssen sie von den Führungskräften kontrolliert werden, so dass Zielvorgaben eingehalten werden, wohingegen in der Y-Theorie angenommen wird, dass die Mitarbeiter arbeiten, weil ihnen die Sache selbst Freude bereitet. Daher können Manager ihre Mitarbeiter dadurch motivieren, dass ihnen neue Aufgaben und somit neue Herausforderungen gestellt werden. In der Z-Theorie, welche im Prinzip bei japanisch geprägten Unternehmen Anwendung findet, werden demgegenüber Teamgeist und großer gegenseitiger Respekt zwischen Managern und Mitarbeitern betont.[122]

Wie bereits zuvor erwähnt haben Angestellte das Bedürfnis, sich selbst weiter zu entwickeln. Dieses trifft zumindest zu in einer modernen Gesellschaft, in der Aus- und Weiterbildung wertgeschätzt oder sogar verlangt wird. Falls einem Mitarbeiter die Möglichkeit geboten wird, sich während seiner Tätigkeit weiter entwickeln zu können, kann dieses in einer erhöhten Motivation münden. Hierbei muss ein Gleichgewicht zwischen Aufgabe und Fertigkeit bestehen, so dass der Mitarbeiter in einen Flow-Kanal gelangen kann.[123]

---

[122] Vgl. Bergmann und Klefsjö [2003], S.347.
[123] Vgl. ebd, S.348.

Wie dieser Abschnitt gezeigt hat, besteht eine enge Verknüpfung zwischen der Flow-Theorie und Motivation. Dieses ist der Fall, da der „Flow" bedingt, das ein Individuum die Tätigkeit ausführt wegen der Sache an sich. Daher ist Motivation ein integraler Bestandteil des „Flows", da sie immer gleichzeitig auftreten[124] Über Kausalität ist bis jetzt noch keine Aussage getroffen; klar steht dennoch, dass ohne Motivation ein „Flow" nicht entstehen kann und dass ohne ein „Flow" die Motivation eine geringere Ausprägung hat.

Weiterhin lässt sich feststellen, dass auch zwischen der X-,Y- und Z-Theorien Verknüpfungen zu anderen bereits angestellten Überlegungen bestehen. So ist die Y-Theorie auf eine Gruppe von Mitarbeiter angewandt, die gemäß Heckenhausen [1968] intrinsisch motiviert sind.[125] Diese Mitarbeiter bedürfen im Prinzip keines „von außen kommenden" Drucks. Die X-Theorie betrifft Mitarbeiter, die externe Anreize benötigen und sind nach Heckenhausen [1968] folglich extrinsisch motiviert.[126] Die Z-Theorie ist auf das Bedürfnis nach Gruppenzugehörigkeit gerichtet, welches in der Bedürfnishierarchiepyramide von Maslow [9154] zu den sozialen Bedürfnissen zählt.[127]

Unter gleichen Arbeitsbedingungen würde ein Mensch selbstverständlich lieber mit einer Gruppe – oder: mit einem Unternehmen – zusammenarbeiten, mit dem er sich identifizieren kann und wo er folglich eine Gruppenzugehörigkeit empfindet. Fraglich ist jedoch, ob dieses monetär bewertbar ist, d.h. auf wie viel Lohn wäre ein Arbeitnehmer bereit zu verzichten, um in einem Unternehmen zu arbeiten, wo soziale Bedürfnisse befriedigt werden? Oder anders formuliert: Kann ein Unternehmen durch die Befriedigung sozialer Bedürfnisse Anreize

---

[124] Vgl. Csikszentmihalyi [1997], S.8-12.
[125] Vgl. Heckenhausen [1968], S.195.
[126] Vgl. ebd.
[127] Vgl. http://www.abraham-maslow.com/m_motivation/Hierarchy_of_Needs.asp

schaffen, so dass die Arbeitsleistung dadurch erhöht wird, dass extrinsisch motivierte Verhaltensweisen zu intrinsisch motivierten Verhaltensweisen transformiert werden?

4.2.3 McClellands Theorie der gelernten Bedürfnisse

Gemäß McClelland [1961] existieren sekundäre Bedürfnisse, welche Individuen gelehrt werden und welche sich in der Kindheit eines Individuums aufgrund Lernens, elterlicher Verhaltensweisen oder sozialer Normen entwickeln mögen. Diese werden als Bedürfnis nach Leistung, Aufnahme und Macht bezeichnet, welche verschiedene Ausprägungen aufweisen. Individuen, die das Bedürfnis nach Leistung aufweisen, streben danach, herausfordernde Ziele aus eigener Kraft oder mit eigenen Mittel zu erreichen.

Individuen, welche das Bedürfnis nach Aufnahme verspüren, sind bemüht, Konflikte und Konfrontationen zu vermeiden und stets darauf fokussiert darauf, gute zwischenmenschliche Beziehungen mit anderen Individuen zu knüpfen und pflegen. Individuen, die das Bedürfnis nach Macht haben, sind stets darauf ausgerichtet, Kontrolle auf materielle Ressourcen und Menschen auszuüben. Sie haben Freude an der Macht wegen der Sache an sich und benutzen diese für ihre eigenen Vorteile und ihre eigenen persönlichen Interessen.[128]

Auch hier lassen sich wieder Parallelen zu bereits angesprochenen Theorien ziehen: Individuen, die nach McClelland [1961] das Bedürfnis nach Leistung haben, sind nach Heckenhausen [1968] intrinsisch motiviert.[129] Dagegen befinden sich Individuen, die durch Bedürfnisse nach Aufnahmen oder Macht motiviert sind, auf unterschiedlichen Ebenen der

---

[128] Vgl. McShane und von Glinow [2003], S.136-139.
[129] Vgl. Heckenhausen [1968], S.195.

Bedürfnishierarchie im Sinne von Maslow [1954].[130] Hierbei haben Individuen, die nach der Befriedigung des Machtbedürfnisses streben, die Ebene der sozialen Bedürfnisse bereits verlassen, respektive befriedigt und befinden sich folglich auf einer übergeordneten Ebene der Bedürfnishierarchie, die durch das Bedürfnis nach Anerkennung und Achtung gekennzeichnet ist.[131]

4.2.4 Herzbergs Motivator-Hygiene-Theorie

Herzbergs [1959] Motivator-Hygiene-Theorie ist ebenfalls unter die Motivationstheorien zu subsumieren. Im Gegensatz zu bisher präsentierten Theorien, unterscheidet sich diese Theorie maßgeblich von beispielsweise Maslows [1954] Theorie dadurch, dass sich die individuellen Bedürfnisse über die Variable Zeit hinweg nicht verändern.

Diese Theorie zeigt ferner auf, dass Individuen von Entwicklung und Ansehen getrieben werden. Mit anderen Worten, falls diese Bedürfnisse eines Individuums erfüllt werden, erfährt es Zufriedenheit am Arbeitsplatz. Diese Faktoren sind die so genannten Motivatoren, wohingegen Hygiene die Faktoren kennzeichnet, ohne die man nicht angemessen arbeiten kann. Hygienefaktoren sind zum Beispiel Sicherheit am Arbeitsplatz, geeignete Arbeitsbedingungen, Satzungen bezüglich des Personalschutzes sowie adäquate Beziehungen zu Mitarbeitern und seinen Vorgesetzen. Falls diese Faktoren verbessert werden, vermindert es Unzufriedenheit am Arbeitsplatz.

Dagegen hat eine Verbesserung dieser Faktoren keinen Einfluss auf die Zufriedenheit am Arbeitsplatz oder die Motivation. Im Gegensatz dazu kann bei einer Verbesserung der Motivatoren die Zufriedenheit am Arbeitsplatz erhöht werden. Diese Zufriedenheit wird durch die Erfüllung

---

[131] Vgl. http://www.abraham-maslow.com/m_motivation/Hierarchy_of_Needs.asp

des Entwicklungsbedürfnisses erlangt, da sich Arbeitsunzufriedenheit als Folge des Arbeitskontextes ergibt.[132]

Abbildung 3 gibt einen vergleichenden Überblick über drei ausgewählte Motivationstheorien, welche gemein haben, dass sie erklären, warum Individuen unterschiedliche Bedürfnisse zu unterschiedlicher Zeit haben. Gleichzeitig bestehen zwischen diesen Theorien weitere Ähnlichkeiten: Was Maslow als erlebte Höhepunkte[133] bezeichnet, kann entsprechend der herzbergischen Theorie als Motivatoren erachtet werden, wohingegen McClelland dasselbe als Leistungsbedürfnis[134] bezeichnet. In Csikszentmihalyis [2003] Flow-Theorie wird dieses als „Flow" bezeichnet. Ferner gibt es weitere so genannte Prozesstheorien, die beschreiben, wie Defizite in Bedürfnissen in menschliches Verhalten umgesetzt werden.[135]

---

[132] Vgl. Herzberg, Mausner und Bloch Snydermann [2004], S.113-120.
[133] „peak performances" (self-actualization) im Englischen.
[134] „need for achievement" im Englischen.
[135] Vgl. McShane und von Glinow [2003], S.154.

Abbildung 4:Vergleich unterschiedlicher Motivationstheorien

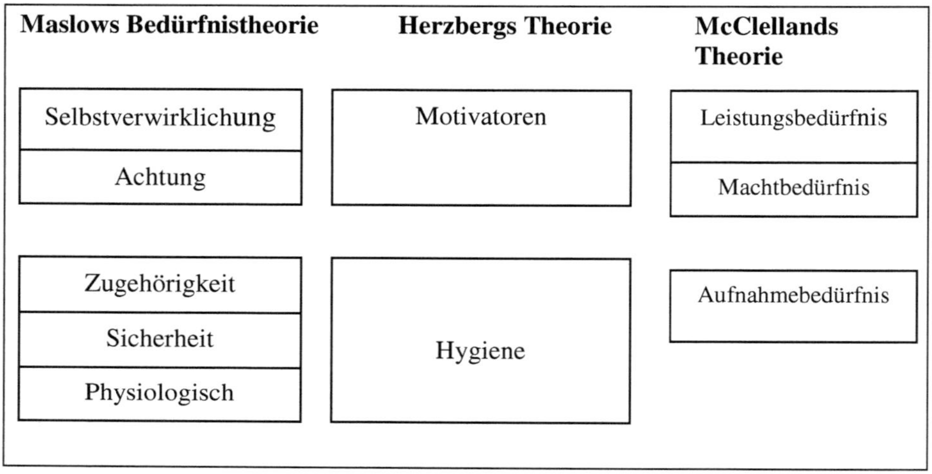

Maslows Bedürfnistheorie	Herzbergs Theorie	McClellands Theorie
Selbstverwirklichung	Motivatoren	Leistungsbedürfnis
Achtung		Machtbedürfnis
Zugehörigkeit	Hygiene	Aufnahmebedürfnis
Sicherheit		
Physiologisch		

(Quelle: In Anlehnung an McShane und von Glinow [2003], S.135.)

5 Die Selbstbestimmungstheorie der Motivation nach Deci und Ryan

In der von Deci und Ryan [1993] entwickelten Selbstbestimmungstheorie wird der Zusammenhang zwischen Motivation und Lernen auf der Basis der *Theorie des Selbst* neu interpretiert. Hierbei werden sowohl intrinsische als auch bestimmte Formen extrinsischer Motivation als selbst-bestimmt erlebt.

„Im Zentrum der Theorie steht der Begriff des *Selbst*. Das Selbst kann zugleich als Prozess und Ergebnis der Entwicklung interpretiert und untersucht werden. Das Prinzip der organismischen Integration bestimmt die Entwicklung des Selbst von Anfang an. Eine wichtige Rolle spielen angeborene psychologische Bedürfnisse und grundlegende Fähigkeiten und Interessen des Individuums. Die Struktur des Selbst erweitert und verfeinert sich im Laufe der Entwicklung durch die Auseinandersetzung mit der sozialen Umwelt; [...].“[136]

5.1 Die motivationale Steuerung des Verhaltens

Menschen gelten allgemein als motiviert, wenn sie etwas erreichen wollen, d.h. wenn sie bestimmte Intention verfolgen. Intendiertes Verhalten zielt dabei auf einen zukünftigen Zustand ab, unabhängig vom Zeitpunkt des Eintretens dieses angestrebten Zustands. „Intentionale und insofern motivierte Handlungen gehen von Personen aus und richten sich entweder auf eine unmittelbar befriedigende Erfahrung (wenn man einen Sachverhalt als interessant, spannend oder aufregend empfindet) oder auf ein längerfristiges Handlungsergebnis, z.B. das Bestehen einer Prüfung.“[137]

Demgegenüber stehen Verhaltensweisen, die nicht auf Intentionen zurückgehen, wie z.B. Dösen oder unkontrollierte Handlungsimpulse wie Wutanfälle. Diese Verhaltensweisen weisen jedoch keine intentionalen Prozesse auf und werden daher auch nicht dem „motivierten Verhalten“ zugerechnet.

Die Selbstbestimmungstheorie postuliert unterschiedliche qualitative Ausprägungen des motivierten Handelns. Es wird folglich nicht einzig zwischen motiviertem und amotivertem Handeln unterschieden, sondern es werden die intentionalen Handlungen weiter aufgeschlüsselt. „Insbesondere gehen wir davon aus, dass sich motivierte Handlungen nach dem Grad ihrer Selbstbestimmung [...] unterscheiden lassen. Manche Handlungen erlebt man als frei gewählt; sie entsprechen den Zielen und Wünschen des individuellen Selbst. Andere werden dagegen als aufgezwungen erlebt, sei es durch andere Personen oder intrapsychische Zwänge. Indem Ausmaß, indem eine motivierte Handlung als frei gewählt erlebt wird, gilt sie als selbstbestimmt oder autonom, In dem Ausmaß, in dem sie als aufgezwungen erlebt wird, gilt sie als kontrolliert. Selbstbestimmtes und

---

[136] Vgl. Deci und Ryan [1993], S.224.
[137] Vgl. ebd., S.225.

kontrollierte Verhalten definieren somit die Endpunkte eines Kontinuums, das die „Qualität" oder „Orientierung" einer motivierten Handlung festlegt."[138]

5.2 Differenzierte Betrachtung der extrinsischen Motivation

Intrinsisch motivierte Verhaltensweisen können grundsätzlich als interessenbestimmte Handlungen beschrieben werden, deren Aufrechterhaltung keine vom Handlungsgeschehen separierbaren Konsequenzen erfordert. Mit anderen Worten, es keine externen oder intrapsychischen Anstöße, d.h. Versprechungen oder Drohungen notwendig, um die Verhaltensweise zu evozieren.[139]

Intrinsische Motivation basiert somit auf Motiven wie Neugier, Exploration, Spontanität und Interesse an den unmittelbaren Gegebenheiten der Umwelt. Extrinsische Motivation wird dagegen auf Verhaltensweisen zurückgeführt, die mit instrumenteller Absicht durchgeführt werden. Folglich haben sie eine von der Handlung separierbare Konsequenz zu erlangen. Extrinsisch motivierte Verhaltensweisen treten demzufolge nicht spontan auf; sondern werden vielmehr durch Aufforderungen evoziert, deren Befolgung eine (positive) Bekräftigung erwarten lässt. „Intrinsisch motivierte Handlungen repräsentieren den Prototyp selbstbestimmten Verhaltens. Das Individuum fühlt sich frei in der Auswahl und Durchführung seines Tuns. Das Handeln stimmt mit der eigenen Auffassung von sich selbst überein. Die intrinsische Motivation erklärt, warum Personen frei von äußerem Druck und inneren Zwängen nach einer Tätigkeit streben, in der sie engagiert tun können, was sie interessiert."[140]

Gemäß Lepper, Greene und Nisbett [1973] nimmt die intrinsische Motivation ab, sofern man Versuchspersonen, für eine ursprünglich intrinsisch motivierte Handlung, extrinsische Belohnungen, wie z.B. einen

---

[138] Vgl. ebd.
[139] Vgl. Heckenhausen [1968], S.195.
[140] Vgl. Deci und Ryan [1993], S.226.

Lohn anbietet.[141] Deci [1993] vertritt die Auffassung, dass der Grund darin liegt, dass die „Einführung extrinsischer Motivatoren in den Handlungsablauf einer intrinsisch motivierten Tätigkeit das Gefühl der Selbstbestimmung unterminiert. Der Ort der Handlungsverursachung verschiebt sich somit von innen nach außen."[142]

Daher lassen sich zunächst intrinsische und extrinsische motivierte Handlungen als Gegensatzpaar, d.h. selbstbestimmtes und nicht-selbstbestimmtes Verhalten, ausdrücken. Gleichzeitig lässt sich festhalten, dass eine Kombination beider Motivationstypen negative Auswirkungen auf intrinsisch motivierte Handlungen hat. Spätere Forschung zeigte jedoch, dass unter bestimmten Umständen extrinsische Belohnungen die intrinsische Motivation eher aufhalten, als schwächen. „Entwicklungs-psychologische Analysen machten es möglich, das Konzept der extrinsischen Motivation aufzuschlüsseln und gleichzeitig zu klären, wann und auf welche Weise das extrinsisch motivierte Verhalten als selbstbestimmt gelten kann. Da intrinsisch motivierte Verhaltensweisen per definitionem selbstbestimmt sind, liefern die dort festgestellten Erlebnis und Verhaltensqualitäten ein Bewertungsraster, auf dessen Grundlage extrinsisch motivierte Verhaltensweisen beurteilt und das Ausmaß ihrer Selbstbestimmung eingeschätzt werden kann. Extrinsisch motivierte Verhaltensweisen können durch die Prozesse der Internalisation und Integration in selbstbestimmte Handlungen überführt werden. *Internalisation* ist der Prozess, durch den externale Werte in die internalen Regulationsprozess einer Person übernommen werden Integration ist der weitergehende Prozess, der die internalisierten Werte und Regulationsprinzipien dem individuellen Selbst eingliedert."[143]

Deci und Ryan [1993] teilen die Auffassung, dass der Mensch die natürliche Tendenz hat, Reize der sozialen Umwelt zu internalisieren, um sich mit anderen Menschen verbunden zu fühlen und Mitglied der sozialen

---

[141] Vgl. Lepper, Greene und Nisbett [1973], S. S.129-137.
[142] Vgl. Deci und Ryan [1993], S.226-227.
[143] Vgl. ebd., S.227.

Umwelt zu werden. „Durch die Integration dieser sozial vermittelten Verhaltensweisen in das individuelle Selbst schafft die Person zugleich die Möglichkeit, das eigene Handeln als selbstbestimmt zu erfahren. Im Bemühen, sich mit anderen Personen verbunden zu fühlen und gleichzeitig die eigenen Handlungen autonom zu bestimmen, übernimmt und integriert die Person also Ziele und Verhaltensnormen in das eigene Selbstkonzept. Voraussetzung dafür sind Angebote und Anforderungen in einem akzeptierten sozialen Milieu, das die entsprechenden Verhaltenstendenzen verstärkt."[144]

Somit messen Deci und Ryan [1993] dem Bedürfnis nach Zugehörigkeit eine erhebliche Rolle bei. Das Bedürfnis nach Zugehörigkeit wird nach Maslow [1954] erst später befriedigt, nachdem die physiologischen Bedürfnisse und die Sicherheitsbedürfnisse in ihrer Gesamtheit erfüllt sind.[145]

Nach Deci und Ryan [1993] gibt es vier Typen extrinsischer Verhaltensregulation, die die Eckpunkte „heteronome Kontrolle" und „Selbstbestimmung" haben. Abbildung 5 gibt einen Überblick über die Typen extrinsischer Verhaltensregulation.

---

[144] Vgl. ebd.
[145] Vgl. http://www.netmba.com/mgmt/ob/motivation/maslow/

Abbildung 5: Typen extrinsischer Verhaltensregulation

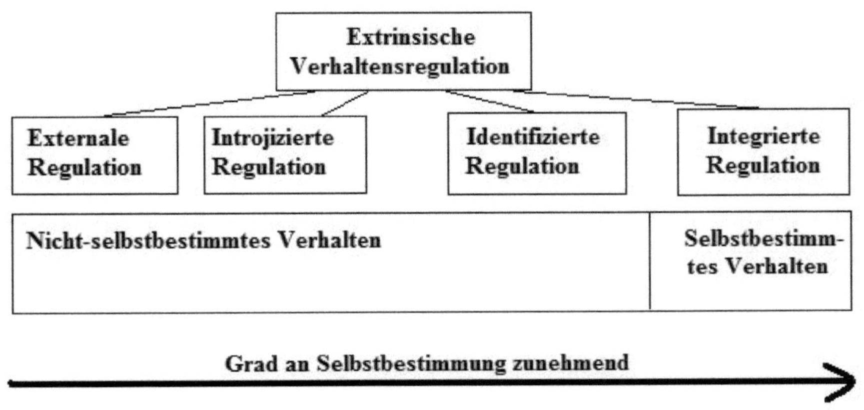

(Quelle: In Anlehnung an Deci und Ryan [1993], S.227-228)

Zum Typ der *externalen Regulation* zählen durch Kontingenzen regulierte Verhaltensweisen, auf die das Individuum keinen direkten Einfluss nehmen kann. Hierbei geht es z.B. um Handlungen, die entweder ausgeführt werden, um einen (externale) Lohn zu bekommen oder einer angedrohten Bestrafung zu entgehen. External reguliertes Verhalten ist zwar intentional, aber von „externen", also „äußeren" Anregungs- sowie Steuerungsfaktoren abhängig. Es entspricht weder den Prinzipien der Selbstständigkeit noch der Freiwilligkeit.

Der Typ der *introjizierten Regulation* ist gerichtet auf Verhaltensweisen die internen Anstößen und innerem Druck folgen. Dabei beziehen sie sich auf Ereignisse, die für die Selbstachtung relevant sind. Man tut demnach etwas, „weil es sich so gehört", oder weil man sonst ein „schlechtes Gewissen" hätte. Eine introjizierte Handlungsregulation ist internal, da keine äußeren Handlungsanstöße mehr notwendig sind. Dennoch bleibt sie vom individuellen Selbst separiert. „Metaphorisch ausgedrückt: Regulator und Regulierter sind verschieden, obwohl sie beide ein und derselben Person innewohnen. Die introjizierte Regulierung beschreibt somit eine Form von Motivation, hei der die Verhaltensweisen durch innere Kräfte *kontrolliert* oder erzwungen werden, die außerhalb des Kernbereichs des individuellen Selbst liegen. Man kann auch sagen, dass sie einem als external wahrgenommenen Ort der Handlungsverursachung zugeordnet werden."[146]

Die Stufe der *identifizierten Regulation* ist erreicht, falls eine Verhaltensweise vom Selbst als „persönlich wichtig" oder wertvoll angesehen wird. Man tut demzufolge nicht einfach etwas deshalb, weil man das Gefühl hat, es tun zu sollen, sondern eher aus dem Grund, dass man es als wichtig erachtet. Diese persönliche Relevanz entspringt dem Gedanken, dass man sich *mit den zugrunde liegenden Werten und Zielen identifiziert* und sie in das individuelle Selbstkonzept integriert hat. Ein Beispiel für diesen Regulationsstil wäre gemäß Deci und Ryan ein Schüler, „der sich auf das Abitur vorbereitet, weil er ein bestimmtes Universitätsstudium anstrebt, ein Ziel, das er sich selbst gesetzt hat. Das Gegenbeispiel wäre ein Schüler, der sich nur deshalb auf die Prüfungen vorbereitet, weil er meint, wie alle seine Freunde das Abitur machen zu sollen und sich ohne diesen Schulabschluss minderwertig vorkäme (introjizierte Regulierung) oder weil seine Eltern es von ihm erwarten und entsprechenden Druck ausüben (externale Regulierung)."[147]

Integrierte Regulation ist die Stufe der extrinsischen Motivation mit dem höchsten Niveau an Selbstbestimmung. Sie ist das Resultat der Integration von Zielen, Werten und Handlungsstrategien, mit denen sich das Individuum *identifiziert und die es in das kohärente Selbstkonzept integriert* hat. Diese Art der integrierten Regulierung steht am Ende des Internalisierungsgeschehens. „Jemand kann sich z.B. sowohl mit der Rolle eines leistungstüchtigen Studenten als auch mit der eines guten Sportlers identifizieren, obwohl diese Rollen miteinander in Konflikt zustehen

---

[146] Vgl. Deci und Ryan [1993], S.228.
[147] Vgl. ebd.

scheinen. Beide Auffassungen von sich selbst kann der Student aber durchaus integrieren, wenn er beide Wertorientierungen wichtig findet und seine Studienplanung bzw. die Auswahl der Freunde aufeinander abstimmt."[148]

In einem solchen Fall würden die beiden Wertsysteme mit anderen Aspekten des Selbst harmonieren. Kennzeichnend dabei ist, dass die Realisierung der beiden Rollen möglich ist und dabei frei von psychologischem Stress. Das selbstbestimmte Handeln einer Person ist also gegeben durch die Summer an intrinsischer Motivation und integrierter Regulation. Der einzige Unterschied ist prinzipiell, dass intrinsisch motivierte Verhaltensweisen autotelischer Natur sind[149], während integriertes (extrinsisches) Verhalten eine instrumentelle Funktion besitzt, aber freiwillig ausgeführt wird, weil das individuelle Selbst das Handlungsergebnis subjektiv hoch bewertet und sich damit identifizieren kann.[150]

5.3 Die Bedeutung der sozialen Umwelt

Die Theorie der Selbstbestimmung geht davon aus, dass menschliches Verhalten auf alle drei Energiequellen angewiesen ist, wobei die psychologischen Bedürfnisse eine besonders wichtige Stellung einnehmen. Sie geben nicht nur die energetische Grundlage vieler Alltagshandlungen sondern beeinflussen auch diejenigen *Prozesse,* mit deren Hilfe der Mensch seine Triebe und Emotionen selbst steuert.[151]

Jongebloed [1977] geht in seinem Integrationsansatz u.a. davon aus, dass dem Begriff „Kräfte" zum Beispiel Instinkt, Reiz und Reflex, Trieb, Wille

---

[148] Vgl. ebd.
[149] Vgl. Tokoro [2004], S.139.
[150] Vgl. Deci und Ryan [1993], S.228.
[151] Vgl. ebd., S.229.

und Gefühl sowie Bedürfnis subsumiert.[152] Die möglichen Kombinationen von Motiven werden hierbei von so genannten „Kräften" und einem Umweltkontinuum determiniert, welche sich in einem Spannungsfeld zueinander befinden.[153] Deci und Ryan [1997] gehen demgegenüber von nur drei wesentlichen „Kräften" aus, und zwar die angeborene psychologische Bedürfnisse, die für intrinsische und extrinsische Motivation gleichermaßen relevant sind: Das Bedürfnis nach Kompetenz und Wirksamkeit, das Bedürfnis nach Autonomie und Selbstbestimmung und das Bedürfnis nach sozialer Eingebundenheit. Es wird ferner davon ausgegangen, dass der Mensch die angeborene motivationale Tendenz hat, sich mit anderen Personen in einem sozialen Umfeld verbunden zu fühlen, in diesem Milieu effektiv zu funktionieren und sich dabei als selbstständig und initiativ zu erfahren. Hierbei sind intrinsisch motivierte Verhaltensweisen grundsätzlich mit den Bedürfnissen nach Kompetenz und Selbstbestimmung verbunden, wohingegen extrinsisch motivierte Verhaltens weisen vor allem während ihrer Entwicklung mit allen drei Bedürfnissen verknüpft sind.[154]

„Das Konzept der angeborenen psychologischen Bedürfnisse ist für unsere Theorie aus mehreren Gründen zentral. Es liefert z.B. eine Antwort auf die Frage, *warum* bestimmte Handlungsziele motivierend sind. Wir vermuten, dass Personen deshalb bestimmte Ziele verfolgen, weil sie auf diese Weise ihre angeborenen Bedürfnisse befriedigen können. Die Spezialisierung primärer psychologischer Bedürfnisse liefert darüber hinaus wichtige Anhaltspunkte, um die Auswahl der Handlungsziele, d.h. die Intentionsbildung verstehen und erklären zu können. Weiterhin geben sie Hinweise auf Faktoren im sozialen Milieu, die für das Auftreten intrinsischer Motivation und die Entwicklung extrinsischer Motivation verantwortlich sind. Wir nehmen an, dass soziale Umweltfaktoren, die den Heranwachsenden Gelegenheit geben, ihre Bedürfnisse nach Kompetenz,

---

[152] Vgl. Jongebloed [1977], S.2.
[153] Vgl. Hofstätter [1966], S.16.
[154] Vgl. Deci und Ryan [1993], S.229.

Autonomie und sozialer Eingebundenheit zu befriedigen, das Auftreten intrinsischer Motivation und die Integration extrinsischer Motivation erleichtern. Soziale Umweltfaktoren, die die Befriedigung dieser Bedürfnisse behindern, hemmen diese Prozesse."[155]

Der meines Erachtens entscheidende Unterschied zwischen den bisherigen Motivationstheorien und dem Konzept von Deci und Ryan [1993] ist der, der Internalisierung. Deci und Ryan [1993] gehen demnach davon aus, dass extrinsische Motivation unter bestimmten Bedingungen „quasi-intrinsisch" von den Menschen wahrgenommen werden können. Sie gehen ferner von einer prägenden Kraft des sozialen Umfelds aus.[156] Menschen haben den intrinsischen (angeborenen) Wunsch, ihre Umwelt zu erforschen. Man kann dieses Verhalten sehr gut bei kleinen Kindern beobachten. Später wird dieses Verhalten beeinflusst von der sozialen Umwelt aufgrund des Bedürfnisses nach sozialer Eingebundenheit. Dadurch kann es dazu kommen, dass auch Werte und Normen der Umwelt in das Selbstkonzept integriert werden. Dieses könnte u.a. helfen zu erklären, warum die Wahrscheinlichkeit größer ist, dass Kinder aus Akademikerfamilien später auch einmal diese für sie „normale Akademikerlaufbahn" einschlagen.

Andererseits erinnert dieses Konzept an die „Dreigroschenoper" von Bertholt Brecht [1928]. „Raub wird angesichts der Verhältnisse zum Kriterium für gesellschaftlichen Aufstieg und Anerkennung – entsprechend dem auf Ausbeutung beruhenden Wesen des dargestellten Kapitalismus, der das Wesen der in ihm lebenden Menschen zum Ausbeuterischen hin verändert."[157] Auch in diesem gesellschaftskritischen Roman werden die individuellen Werte und folglich die motivierten Verhaltensweisen der Menschen auf die Gesellschaft zurückgeführt, die sie entscheidend formt.

---

[155] Vgl. Deci und Ryan [1993], S.229.
[156] Dieses berücksichtigt auch Jongebloed [1977] im Integrationsansatz.
[157] Vgl. http://moderne-deutsche-literatur.suite101.de/article.cfm/bertolt_brecht_die_dreigroschenoper

Obwohl nicht angeboren, werden Verhaltensweisen wie Raub „internalisiert" und „in das Selbstkonzept der Menschen aufgenommen".

6 Theologischer Motivationsansatz

Da die Finanzkrise in den Medien neben der Bonusdebatte auch eine Ethikdebatte hervorgerufen hat[158], bleibt eine theologische Betrachtung noch aus. So hat z.B. der Schleswiger Bischof Gerhard Ulrich [2009] angesichts der Banken- und Finanzkrise eine gesellschaftliche Debatte über Wirtschaftsethik gefordert: „Es gilt, die Grenzen und Möglichkeiten des Marktes zu klären und den Umgang mit anvertrauten Gütern besser einzuüben."[159]

Die neutestamentliche Theologie wird im Prinzip in einem einzigen Vers zusammengefasst: „Denn das ganze Gesetz ist in einem Wort erfüllt, in dem: Liebe deinen Nächsten wie Dich selbst."[160] Hier geht es offensichtlich nicht um Glaubensbekenntnisse, sondern in erster Linie einfach um ein Gebot, das in den Evangelien mehrmals bestätigt wird[161], aber seine Ursprünge bereits im Alten Testament hat.[162]

Das griechische Wort ἀγάπη, das Luther mit „Liebe" übersetze bedeutet eigentlich Wohltätigkeit, Nachsicht, Warmherzigkeit sowie Gutmütigkeit. Daher erscheinen die Attribute, die dem Gebot ἀγάπη in 1.Korinther 13,1-13 gegeben werden, auch plausibel. Der 1. Korintherbrief sowie der Galaterbrief sind als urpaulinische Schriften von Theologen und Historikern als frühste der urchristlichen Schriften des Neuen Testaments in

---

[158] Vgl. http://www.uni-hamburg.de/newsletter/Globalisierung-und-Governance-br-bdquo-Die-globale-Finanzkrise-Ursachen-Wirkungen-Konsequenzen-ldquo-br-Vierte-Veranstaltung-der-Hanseatischen-Universitaetsgespraeche-.html

[159] Vgl. http://www.ekd.de/aktuell_presse/news_2008_10_16_3_finanzkrise_ethikdebatte.html

[160] Vgl. Galater 5,14.

[161] Vgl. z.B. Johannes 13,34; 15,12.

[162] Vgl. 3.Mose 19,18.

ihrer Echtheit anerkannt.[163] Ebenso wie McClelland [1961] Individuen, die das Bedürfnis nach Leistung aufweisen, gewisse Attribute zuordnet, wie z.B. das Streben danach, herausfordernde Ziele aus eigener Kraft oder mit eigenen Mittel zu erreichen, das Suchen nach Herausforderungen oder die Meidung von risikoarmen und risikoreichen Situationen, „da der leicht erreichte Erfolg keine echte Leistung darstellt"[164], so schreibt auch Paulus der ἀγάπη in seinem berühmten „Hohelied der Liebe" der ἀγάπη besondere charakterisierende Attribute zu. Abbildung 6 gibt hier einen zusammenfassenden Überblick, der keinen Anspruch auf Vollständigkeit erhebt.

ἀγάπη wird in diesem Kontext in erster Linie nicht auf emotionaler Ebene, sondern als Motivationsquelle oder „Motivationsmotor" beschrieben. Dieses geht meines Erachtens eindeutig aus Galater 5,6 hervor, da Paulus argumentiert, dass Glaube durch die ἀγάπη tätig ist.[165] Auch in ersten Brief an die Thessalonicher spricht er von „der Arbeit in der Liebe" und somit von einer Tätigkeit evozierenden Wirkung der ἀγάπη.[166] D.h. er versteht ἀγάπη als „motivierende Kraft", ja er spricht sogar von der stärksten und größten Kraft überhaupt: „Nun aber bleiben Glaube, Hoffnung, Liebe, diese drei; aber die Liebe ist die größte unter ihnen."[167]

Die motivgenerierende Kraft ἀγάπη, deren Eigenschaftskatalog in 1.Korinther 13,1-13 gegeben ist, ordnet Paulus in einem anderen Kontext „den Früchten des Geistes" zu. D.h. auf der einen Seite wird ἀγάπη als „Motivationsgenerator" verstanden, der „tätig ist" und auf der anderen Seite wird ἀγάπη als „Frucht des Geistes" verstanden. Zu den „Früchten es Geistes" zählen gemäß Galater 5,22-23 Liebe, Freude, Friede, Geduld, Freundlichkeit, Güte, Treue, Sanftmut, Keuschheit. Gleichzeitig stellen

---

[163] Vgl. Lohse [2009], S.15-22 und Habermas [1996], S.81-89.

[164] Vgl. McShane und von Glinow [2003], S.136-139, sowie
http://www.12manage.com/methods_mcclelland_theory_of_needs_de.html

[165] Vgl. Lohse [2008], S.107.

[166] Vgl. 1. Thess 1,3.

[167] Vgl. 1.Kor 13,13.

diese Wirkungen auch Motive dar, die es zu befriedigen gilt. Es ist meines Erachtens zu konstatieren, das diese neun Wirkungen des Geistes nicht monetärer Natur sind.[168] Es handelt sich vielmehr um nicht-monetäre bzw. immaterielle Motive und Wirkungen.[169]

Abbildung 6: Eigenschaften der ἀγάπη

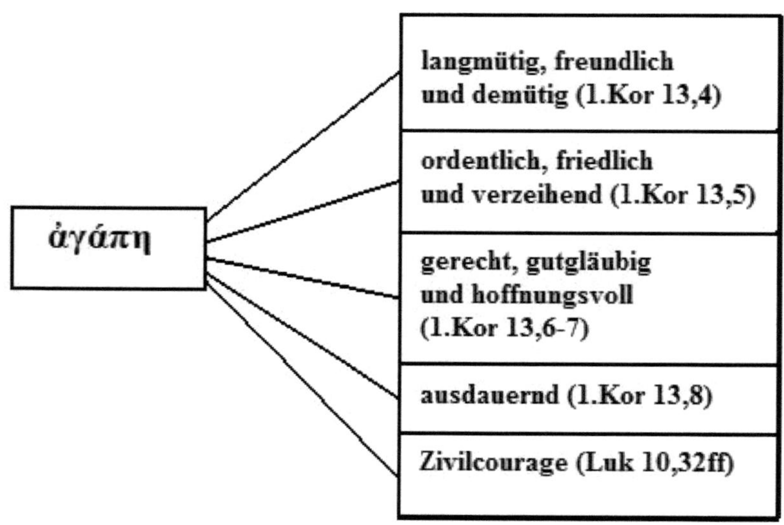

(Quelle: Eigene Darstellung in Anlehnung an 1.Kor 13,4-8 und Lk 10,32ff)

Paulus stellt diesen Bedürfnissen den „Früchten des Fleisches" gegenüber, die ebenfalls motivgenerierende Wirkungen evozieren; deren Motive

---

[168] Erläuterungen hierzu erfolgen später.
[169] Der Motivcharakter wird durch nähere Betrachtung des Kontextes aus Galater 5,19-22 deutlich.

jedoch der ἀγάπη entgegengesetzt wirken. So katalogisiert Paulus die Wirkungen des Fleisches in Galater 5,19-22 wie folgt: „(19) Offenkundig sind aber die Werke des Fleisches, als da sind: Unzucht, Unreinheit, Ausschweifung, (20) Götzendienst, Zauberei, Feindschaft, Hader, Eifersucht, Zorn, Zank, Zwietracht, Spaltungen, (21) Neid, Saufen, Fressen und dergleichen. [...]."

Das griechische Wort ἔργον, das Luther mit „Werke" übersetzte kann z.B. auch mit „Bemühungen", „Bestrebungen" oder „Anstrengungen" wiedergegeben werden. Ferner bedeutet das griechische Wort σάρξm, welches von Luther mit „Fleisch" wiedergegeben wurde, eigentlich eher „menschliche Natur" – im übertragenen Sinne. Demnach katalogisiert Paulus in Galater 5,19-22 Motive, die „irdischen und vergänglichen" Bedürfnissen unterworfen sind.[170]

Im Gegensatz zu den Motiven aus Galater 5,22-23, handelt es sich in Galater 5,19-22 folglich um Motive, die eher materieller Art sind, d.h. diese Bedürfnisse können durch monetäre Mittel befriedigt werden.[171] Der Begriff „Götzendienst"[172] mag man auf dem ersten Blick weder mit einem Motiv noch mit einem materiellen Gut assoziieren, daher soll dieses kurz näher erläuter werden. Götzendienst *im engeren Sinne* ist natürlich aus religiöser Sicht zu betrachten und richtet sich auf die unangemessene Verehrung von Menschen. Entsprechend der Neuzeit, kommt einem dabei unmittelbar Popstarkult und Schauspielerkult als unverkappter Götzendienst, sowie Papstkult als verkappter Götzendienst in den Sinn.

Götzendienst *im weiteren Sinn* wird von Luther [1529] jedoch wie folgt definiert: „Es ist mancher, der meint, er habe Gott und alles genug, wenn er Geld und Gut hat; er verlässt und brüstet sich darauf so steif und sicher, dass er auf niemand etwas gibt. Siehe: dieser hat auch einen Gott, der heißt Mammon, das Geld und Gut, darauf er all sein Herz setzt, was auch der

---

[170] Vgl. Anhang der Lutherbibel [1984], S.15.
[171] Siehe auch Mt 15,19.
[172] Griechisch: εἰδωλολατρεία

allergewöhnlichste Abgott auf Erden ist."[173] In diesem Satz sind eine Menge Informationen enthalten. Eine Information ist jedoch, dass sich gemäß Luther [1529] εἰδωλολατρεία auf jegliches monetär realisierbare Motiv bezieht, „auf das der Mensch baut" bzw. „auf das sich der Mensch verlässt".

Es soll an dieser Stelle nicht näher auf weitere Begriffserklärungen eingegangen werden. Es kann jedoch zunächst folgendes festgehalten werden: Paulus unterscheidet zwei unterschiedliche motivgenerierende Kräfte, die sich entgegengesetzt zueinander verhalten bzw. wirken und Motive unterschiedlicher Art evozieren.

7 Kritische Aspekte der motivationspsychologischen Modellansätze

Gegenstand der Motivationstheorie ist die Klärung der Frage: „Warum tut jemand das, was er tut?" „Klar ist: In jedem schlummern Bedürfnisse. Und oft stehen sie in Konkurrenz miteinander."[174] Gemäß Westerhoff [2009] haben sich die Motivationsforscher auf drei grundlegende Motive geeinigt: Leistung, Macht und Anschluss.[175] Das bedeutet, man hat den Konsens in der Motivationstheorie von McClelland [1961][176] geeinigt.[177]

Allen Motivationsmodellen gemein ist, dass sie darauf abzielen, die Ursachen für Verhaltensweisen durch die Determinierung von Motivkombinationen zu erklären. Jongebloed [1977] stellt hier ein formales Modell her und auch Csikszentmihalyi [2003] wendet ein Gleichgewichtsmodell an, das sich auch formal beschreiben lässt.[178] Jongebloed [1977] erwähnt, dass sich eine Vielzahl von Motivkomplexen entwickeln lassen, was dieses Modell schwierig in der Anwendung

---

[173] Vgl. Luther [1983], S.10.
[174] Vgl. Westerhoff [2009], S.20.
[175] Vgl. ebd., S.22.
[176] „The Big Three" – achievement, power and affilation.
[177] Vgl. McShane und von Glinow [2003], S.136-139.
[178] Vgl. Csikszentmihalyi [2003], S.48-55.

macht.[179] Zudem werden keine näheren Angaben über funktionale Zusammenhänge gegeben. Die Komplexität des Modells verringert somit die Anwendbarkeit.

Csikszentmihalyi [2003] geht von acht Gleichgewichtsbedingungen aus, die alle erfüllt sein müssen, damit es zu einem Flow kommt.[180] Die Dynamik des Flows lässt sich mit komparativer Statik in diesem Modell zwischen den Variablen „Aufgaben" und „Fertigkeiten" durchaus plausibel darstellen,[181] jedoch lassen sich meines Erachtens aus diesem Modell keine Rückschlüsse ziehen, was passiert, wenn sich Variablen – wie Motivkomplexe – ändern. Kritisch bleibt anzumerken, dass die Dimension Zeit in diesem Modell nicht berücksichtigt wird. Wie lange dauert solch ein „Flow" an? Wie oft kann dieses erreicht werden? Klar scheint jedoch zu sein, dass die Verhaltensweisen, welche zum „Flow" führen, intrinsisch motiviert sein müssen. Das Flow-Erlebnis als solches ist dagegen das Ziel oder das Resultat dieser Verhaltensweisen, wobei die Variablen lediglich „Optimalbedingungen" schaffen; dass heißt, falls die Variablen die geforderte Ausprägung haben, sind die Motive des Individuums verhaltensorientiert geordnet. Da Jongebloed [1977] als Motivierung „die intendierte Umgestaltung von Umweltsituationen" bezeichnet, mit der ein Individuum konfrontiert ist,[182] lässt sich in diesem Zusammenhang der „Flow" als Motivierung und Triebkraft in diesem Kontext bezeichnen.[183]

Eine weitere Kritik an der Flow-Theorie ist nach Vogt, dass sie keinen Aufschluss darüber gibt, wie die Zeit eines Individuums verteilt ist. Die Flow-Erfahrung mag einen Aufschluss darüber gegeben, wie Menschen im Arbeitsleben zu Höhepunkten gelangen können, aber die Flow-Theorie

---

[179] Vgl. Jongebloed [1977], S.3-19.
[180] Vgl. Csikszentmihalyi [2003], S.49-53.
[181] Vgl. Bergman und Klefsjö [2003], S.349.
[182] Vgl. Jongebloed [1977], S.7.
[183] Dann würde gelten: $\phi = h\big(g(M), \textit{Motivierung}\big) \Leftrightarrow \phi = h\big(g(M), \textit{Flow}\big) \cdot$

vernachlässigt dagegen, dass das menschliche Leben auch andere Facetten beinhaltet, wie zum Beispiel das Familienleben.[184]

Stroebes [2004] Modell gibt meines Erachtens eher eine Umschreibung, wie ein Motivationsprozess abläuft. Dieser Motivationsprozess verläuft psychologisch gesehen in voneinander differenzierbaren Schritten ab. Stroebe [2004] argumentiert ferner mit Bedürfnisspannungen und deren Wechselwirkungen.[185] Es wird jedoch kein formales Modell gegeben, womit sich Parameteränderungen diskutieren lassen.

Maslows [1954] Motivationsmodell versucht Aufschluss darüber zu geben, in welcher Hierarchie der Mensch sein Bedürfnisse zu befriedigen sucht. Das Modell ist zwar sehr bekannt und wird immer wieder zitiert, aber es lassen sich meines Erachtens zahlreiche Kritikpunkte formulieren: Gemäß Maslow [1954] werden „soziale Bedürfnisse", wie das Bedürfnis nach Liebe (besser: ἀγάπη) weit unterschätzt. Überspitzt formuliert: Der Mensch würde nach der Bedürfnishierarchie erst anfangen sich z.B. für „einen Lebenspartner zu interessieren", wenn er oder sie vorher „eine eigene Wohnung und eine Arbeit gefunden hat", da die Sicherheitsbedürfnisse erst befriedigt werden müssen, bevor sich der Mensch der Befriedigung der nächst höheren Bedürfnisstufe zuwendet. Ist das plausibel?

Im theologischen Motivationsansatz wurde gezeigt, dass die „Liebe als Bedürfnis, das Stärkste unter allen Bedürfnisse ist"[186]. Dieses vernachlässigen alle Motivationsmodelle. Auf die hohe Plausibilität des theologischen Ansatzes werden im Folgenden zwei Gründe gegeben: Erstens versuchte der römisch – katholische Staufenkaiser Friedrich II. (1194 – 1250) festzustellen, welche Sprache Kinder von Geburt an sprechen würden. In einem Versuch wurden zehn Kinder von ihren Eltern

---

[184] Vgl. Vogt [2005], S.111-123.
[185] Vgl. Stroebe [2004], S.37f.
[186] Vgl.

genommen.[187] Über den genauen Hergang des Experiments ist (bis auf das Ergebnis) jedoch nur wenig bekannt. Das Resultat war, dass alle Kinder wegen fehlender sensorischer Stimulation vor ihrem ersten Geburtstag starben, „sie vermochten nicht zu leben ohne das Händepatschen und das fröhliche Gesichterschneiden und die Koseworte ihrer Ammen...". [188] Als Faktum lässt sich also festhalten, dass „fehlende sensorische Stimulation" im Säuglingsalter unweigerlich zum Tod führt innerhalb eines Jahres. Psychologen sind sich hierbei einig, dass es sich bei dieser Art „sensorischer Stimulation" um nichts anderes als Mutterliebe handelt.[189]

Zweitens wurde der Zusammenhang zwischen Gefühlen wie Liebe und Depressionen bereits festgestellt: Der Kardiologe Dean Ornish äußerte in diesem Zusammenhang: „Einsamkeit, Liebesentzug und mangelnde Nähe treiben ebenso Raubbau an unserer Gesundheit wie die bislang bekannten Risikofaktoren Rauchen, falsche Ernährung, Stress, Bewegungsmangel oder genetische Faktoren." Die schwedische Psychologin Kerstin Uvnäs Moberg vom Karolinska-Institut in Stockholm bestätigte diesen Zusammenhang.[190] Professor Dr. Dr. Florian Holsboer[191] schreibt hierzu, dass ca. 16% aller Menschen mit Depression und 30% der Patienten mit bipolarer Depression[192] einen Selbsttötungsversuch unternehmen. An Selbsttötung sterben etwa 6% aller Patienten mit Depression, bei bipolarer Depression ist die Zahl ungefähr doppelt so hoch. Gemäß Holsboer muss man aufgrund der Zahlen feststellen, dass die Depression eine potentiell

---

[187] Der Staufenkaiser Friedrich II. wollte feststellen, ob Kinder „von Natur aus Hebräisch, Griechisch, Latein, Arabisch oder die Sprache ihrer Eltern sprechen würden.

[188] Vgl. http://www.wissen.de/wde/generator/wissen/ressorts/bildung/ frage_der_woche/archiv_fragenanwissen.de/index,page=1306348.html

[189] Auch die Mutterliebe wird daher unter ἀγάπη subsumiert.

[190] Vgl. http://www.focus.de/gesundheit/news/medizin-liebe-auf-rezept_aid_180748.html

[191] Prof. Dr. med. Dr. rer. nat. Dr. h.c. Florian Holsboer ist Direktor des Max-Planck-Instituts für Psychiatrie.

[192] Bipolar=Manisch-Depressiv.

tödliche Erkrankung ist.[193] Als weiteres Faktum lässt sich also festhalten, dass bei Erwachsenen altersunabhängig ein langfristiger Mangel an ἀγάπη zu Depressionen führt, die wiederum in 6% der Fälle zum Tod führt.

Daraus lässt sich schließen, dass es sich bei ἀγάπη um ein psychologisches Grundbedürfnis handelt und daher aufgrund ihrer Bedeutung in die erste Hierarchieebene einzuordnen ist.[194] Weiterhin lässt sich die ἀγάπη aus zwei Gründen von den „sozialen Bedürfnissen" separieren: Erstens ist man spätestens ab dem Erwachsenenalter bereit, soziale Kontakte aufgrund eines Beziehungspartners aufzugeben. Gemäß einer Studie aus dem Jahr 2006 von 12.474 befragten Singles, wären von den Männern 1/6 der Befragten bereit, aufgrund des Partners sogar eine langjährige Freundschaft aufzugeben.[195] Menschen sind sogar bereit, eine Eltern-Kind-Beziehung aufgrund eines Partners im Zweifelsfall aufzugeben – das war bereits vor etwa 2000 Jahren so.[196] Da eine partnerschaftliche Beziehung gegenüber allen anderen sozialen Bindungen dominiert und aufgrund des Grundbedürfnischarakters[197], sollte dieser Aspekt meines Erachtens in einem Motivationsmodell auch explizit berücksichtigt werden.

Das Motivationsmodell von McGregor [1960] gruppiert letztendlich Mitarbeiter in Kategorien. Dabei finden sich die im Sinne von Heckenhausen [1968] „intrinsisch motivierten Mitarbeiter" in der Y-Kategorie, „extrinsisch motivierte Mitarbeiter" in der X-Kategorie und Mitarbeiter, die nach Maslow [1954] bereits die dritte Stufe der Hierarchiepyramide erreicht haben und nach McClelland [1961] ein ausgeprägtes Anschlussbedürfnis haben, in der Z-Kategorie ein. Dabei sind die Mitarbeiter in der Z-Kategorie gemäß McClelland als Manager

---

[193] Vgl. http://www.mpipsykl.mpg.de/clinic/erkrankungen/depression/depression_05/index.html

[194] Den physiologischen Grundbedürfnissen werden somit die psychologischen als gleichwertig gegenübergestellt.

[195] Vgl. http://www.pressemeldungen.at/diversemeldungen/partnerschaftjaabernichtumjedenpreis.html

[196] Vgl. Matthäus 19,5 sowie 1.Mose 2,24.

[197] Hier: aus psychologischen Gesichtspunkten.

ungeeignet, da seiner Meinung nach ein starkes Bedürfnis nach Zugehörigkeit die Objektivität und Entscheidungsfähigkeit von Führungskräften unterminiert.[198] Analog lässt sich wiederum anführen, dass auch die Modelle von McGregor [1960] und McClelland [1961] keinen Aufschluss darüber geben, wie eine Verhaltensänderungen aufgrund einer Motivänderung heraus zu erklären ist.

Auch Herzbergs [1967] Motivator-Hygiene-Theorie weist Analogien zu anderen Theorien auf: So lassen sich die herzbergischen Hygienefaktoren mit extrinsischer Motivation und die Motivatoren mit intrinsischer Motivation interpretieren.[199] Weiterhin operiert Herzbergs [1967] Theorie eher auf dem Gebiet Arbeitsmotivation. Es lässt sich außerdem auch in diesem Modell eine Verhaltensänderung, die aufgrund einer exogen verursachten Motivänderung evoziert wird, kaum erklären.

Deci und Ryan [1993] stellen den interessanten Aspekt heraus, dass infolge der Internalisierung extrinsische Verhaltensweisen in das individuelle Selbstkonzept und teilweise sogar in das kohärente Selbstkonzept eines Menschen integriert werden können. Da der Anreiz intrinsischer Verhaltensweisen ein anderer (stärkerer) ist, kommt es folglich zu einer Verhaltensänderung. Die Verhaltensänderung wird aber nicht durch eine exogen evozierte Motivänderung, sondern vielmehr durch eine Substitution innerhalb der Motivierung erklärt, da sich die intendierte Umgestaltung der Umweltsituationen ändert, sobald der Motivations-prozess von vorwiegend extrinsischer Motivation zu intrinsischer Motivation wechselt.

Aufgrund dieser Überlegungen soll im Folgenden ein neues Motivationsmodell entwickelt werden, dass erstens die Schwächen der bisher angesprochenen Modelle berücksichtigt und zweitens eine Erklärung

---

[198] Vgl. http://www.12manage.com/
methods_mcclelland_theory_of_needs_de.html
[199] Vgl. Heckenhausen [1968], S.195.

liefert, wie oder warum sich Verhaltensweisen ändern, falls es zu exogenen Änderungen in der Motivkombination kommt.

8 Ein nutzentheoretisches Motivationsmodell

Aus der Nutzentheorie der Mikroökonomik ist jedem Ökonomen bekannt, dass Individuen ihren Nutzen U optimieren. Die Nutzenfunktion U ist hierbei abhängig von verschiedenen Variablen $x_1,...,x_n$. Falls angenommen wird, dass die Parameter $\alpha_1,...,\alpha_n$ die Variablen exponentiell gewichten, kann die Cobb-Douglas Funktion $U(x_1,...,x_n) = X_1^{\alpha_1} \cdot ... \cdot X_n^{\alpha_n}$ zur Analyse herangezogen werden. Gewöhnlich wird die Annahme getroffen, dass $\alpha_1 + ... + \alpha_n = 1$, d.h. die Parameter in den Exponenten summieren sich zu eins.[200]

Da gemäß Csikszentmihalyis [1990, 1996, 1997 & 2003] eine optimale Kombination aller dieser Elemente den Zustand einer tiefen Freude herbeiführt, der so lohnend für Menschen ist, dass ein beträchtlicher Anreiz lediglich in der Erreichung dieses Glücksgefühls besteht,[201] kann diese Funktion als „Glücksfunktion" interpretiert werden, deren Zielgröße das „Glück" oder „Glücksempfinden" ist, das ein jeder Mensch zu maximieren sucht.

Weiterhin soll die Annahme getroffen werden, dass das Glück beschränkt ist auf einen bestimmten Wert, d.h. jeder Mensch beansprucht für sich ein gewisses „Maß an Glück".[202] Entsprechend der Nutzentheorie kann dieses „Maß an Glück" mithilfe von Isoglückskurven beschrieben werden. Folglich gilt dann $U(x_1,...,x_n) = \bar{U}(.)$. Auf dieser Kurve ist das Glücksempfinden unverändert und hängt von der Kombination der Inputfaktoren ab.[203] Dieses ist stark angelehnt an die Flow-Theorie von

---

[200] Vgl. Varian [2001], S.59.
[201] Vgl. Primeaux und Vega [2002], S.97-108.
[202] Vgl. Theißen [2005], S.111; Lukas 6,24; Matthäus 19,23.
[203] Vgl. Varian [2001], S.42-49.

Csikszentmihalyis [1990, 1996, 1997 & 2003], wohingegen der formale Charakter von Jongebloeds [1977] Integrationsansatz herstammt.

Die Inputfaktoren der Glückfunktion stellen Motive bzw. Motivkomplexe dar. Die Motivation eines Individuums, die nach Jongebloed [1977] als Ergebnis eines intrapersonal ablaufenden Motivstrukturierungsprozesses anzusehen ist,[204] ist analog in diesem Modell, eine Kombination der Motivkomplexe in der Form zu erreichen, dass das System von Motiven genau dem gewünschten Glücksempfinden $U\left(x_1,...,x_n\right)=\bar{U}(.)$ entspricht.[205] Der Anreiz ist folglich die individuelle Kombination der Motivkomplexe, sodass das System zum Gleichgewicht hin strebt[206] und die Grenzrate der Substitution zwischen den Bedürfnisbefriedigungen genau der Steigung der Isoglückslinie entspricht. Dieses ist gewöhnlich die Optimumbedingung entsprechend des Maximierungsproblems in der Nutzentheorie.[207]

8.1 Katalogisierung der individuellen Bedürfnisse

Westerhoff [2009] kommt zu dem Schluss, dass sich die Motivationsforscher auf drei grundlegende Motive geeinigt haben: Leistung, Macht und Anschluss.[208] Somit hat sich der Konsens der Motivationstheorie auf McClellands [1961] „Big Three" geeinigt.[209] In einem solchen Ansatz wären folglich $x_1 =$ Leistung, $x_2 =$ Macht und $x_3 =$ Anschluss, die es im Sinne der Nutzentheorie zu optimieren gälte.

Im Folgenden soll jedoch ein anderer Ansatz vorgestellt werden, der es ermöglicht eine Motivationsanalyse im zweidimensionalen Raum durchzuführen. Aus der betriebswirtschaftlichen Bilanzierung ist die Unterscheidung der Vermögenswerte in materielle und immaterielle

---

[204] Vgl. Jongebloed [1977], S.6.
[205] Vgl. Vogt [2005], S.111-123.
[206] Vgl. Primeaux und Vega [2002], S.97-108.
[207] Vgl. Varian [2001], S.68-89.
[208] Vgl. Westerhoff [2009], S.22.
[209] Vgl. McShane und von Glinow [2003], S.136-139.

Vermögenswerte bekannt, wobei immaterielle Vermögenswerte im Sinne der internationalen Rechnungslegung IAS bzw. IFRS[210] als „identifizierbarere, nicht monetärer Gegenstände, ohne physische Substanz" definiert werden.[211] Auch wenn sich die Abgrenzung immaterieller Vermögenswerte als schwierig darstellt, kommt diesem Posten doch ehebliche (bilanzpolitische) Bedeutung zu, was erstens auf die Größe des Posten und zweitens auf gesetzliche bilanzpolitische Wahlrechte zurückzuführen ist.[212]

Analog der Bilanzierungstheorie, sollen im Folgenden ausgewählte motivationspsychologische Bedürfnisse im Hinblick auf ihre individuelle Befriedigung hin untersucht werden. Dabei soll die Katalogisierung der Frage klären: „Ist das jeweilige Bedürfnis mit monetären Mitteln zu befriedigen?" Anstelle der „Big Three" von McClelland [1961] sollen auch weitere Bedürfnisse betrachtet werden, sodass gezeigt wird, dass eine solche Katalogisierung entsprechend der Bilanzierungstheorie auch in der Motivationstheorie vorgenommen werden kann.

Im Folgenden soll die Gruppe X_1 alle Bedürfnisse einschließen, die mit monetären Mittel zu befriedigen sind. Hierunter können meines Erachtens die folgenden vier Bedürfnisse subsumiert werden:

(1) das Streben nach Macht, Einfluss und Geltung, welches sich aus dem Machtbedürfnis nach McClelland [1961] ergibt und auch von Maslow [1954] unter die ICH-Bedürfnisse subsumiert wird,
(2) das Streben nach Besitz und Eigentum, was sich ebenfalls als integraler Bestandteil der maslowschen ICH-Bedürfnisse oder der Sicherheitsbedürfnisse verstehen lässt,
(3) das Bedürfnis nach Vergnügen, Spaß und Freude, welches sich als intrinsisch motiviert im Sinne von Heckenhausen [1968] interpretieren lässt,

---

[210] IAS=International Accounting Standard
[211] Vgl. Hoyos und Pastor [2006], S. 867 sowie IAS 38.3 .
[212] Vgl. Küting [2005], S. 2761.

(4) das Bedürfnis nach Sicherheit und die allgemeinen physiologischen Bedürfnisse, die auch Maslow [1954] in seiner Bedürfnispyramide als solche kennzeichnet.

Es lässt sich bereits feststellen, dass diese Katalogisierung nicht die Frage klärt, ob sich eine Verhaltensweise im Sinne von Heckenhausen [1968] als „intrinsisch oder extrinsisch motiviert" erklären lässt. Es wird auch keine Annahme darüber gemacht, welches Bedürfnis im Sinne der Bedürfnishierarchie nach Maslow [1954] vorrangig befriedigt wird oder nicht. Es wird lediglich festgestellt, dass diese Bedürfnisse als „grundsätzlich monetär zu befriedigen" zu kennzeichnen sind.

Das Streben nach Macht, Einfluss und Geltung (1): Verfügt jemand über genügend finanzielle Mittel, so kann er oder sie sich so viele Aktien einer Aktiengesellschaft kaufen, dass die 25% Minderheit überschritten wird. Somit könnte dieser Großaktionär alle Unternehmensbeschlüsse blockieren, die eine 75% Mehrheit benötigen. Dadurch hätte dieser Großaktionär einen nicht unerheblichen Einfluss auf die Unternehmenspolitik. Je größer die finanziellen Mittel, desto mehr Einfluss kann der Großaktionär auf die Unternehmensführung ausüben, indem er mehr und mehr Anteile des Unternehmens erwirbt. Wenn er wollte, so könnte er sich sogar selbst in den Vorstand wählen, sofern er genug Aktien kauft.

Politischer Einfluss evoziert durch monetäre Mittel ist ebenfalls historisch dokumentiert und ist auch heute noch sichtbar, da man seinen Ansichten allgemein durch finanzielle Unterstützung entsprechender Institutionen, wie z.B. Parteien, Geltung verschaffen kann.

Das Streben nach Besitz und Eigentum (2) sowie die Befriedigung des das Bedürfnisses nach Vergnügen, Spaß und Freude (3) kann ohne weiteres als „grundsätzlich mit monetären Mittel zu befriedigen" gekennzeichnet werden. Mit den Bedürfnissen „Vergnügen, Spaß und Freude" mag man im Allgemeinen Vergnügungsparks, Reisen, Bungy-Jumping, Sport, Shopping, Besuch von Bars, Diskotheken u.a. assoziieren.

Auch das Bedürfnis nach Sicherheit und die allgemeinen physiologischen Bedürfnisse (4) lassen sich grundsätzlich mit monetären Mitteln erwerben. So lassen sich hier zahlreiche Versicherungen, die man zu unterschiedlichen Konditionen bei Versicherungsunternehmen abschließen, nennen. Hierbei gilt: Je mehr monetäre Mittel man bereit ist einzusetzen, desto größer ist die Sicherheit. Finanzieller Besitz lässt sich durch Options- oder Swapgeschäfte absichern[213], die zwar teuer sind, jedoch grundsätzlich jedem offen stehen. Somit lässt sich festhalten, dass sich sowohl materieller als auch monetärer Besitz, grundsätzlich mit monetären Mitteln absichern lässt.

Als weiteres soll die Gruppe X_2 alle Bedürfnisse einschließen, die nicht mit monetären Mittel befriedigt werden können. Hierunter sollen im Folgenden vier Bedürfnisse subsumiert werden:

(5) das Bedürfnis nach Leistung, welches von McClelland unter die „Big Three" subsumiert wird,
(6) das Bedürfnis nach Liebe, das sich zwingend aus dem theologischen Ansatz und der Kritik an den motivationspsychologischen Modellansätzen ergibt,
(7) das Bedürfnis nach Intelligenz und Klugheit, das Attribute wie „Neugier" involviert,
(8) das Bedürfnis nach sozialem Anschluss, was ebenfalls zu McClellands [1961] „Big Three" gehört.[214]

Inwieweit lassen sich die Bedürfnisse (5)-(8) als „nicht mit monetären Mitteln zu befriedigen" kennzeichnen? Das Bedürfnis nach Leistung (5) kann auch gemäß Heckenhausen [1968] als intrinsische oder extrinsische Motivation aufgefasst werden. Grundsätzlich ist dieses davon abhängig,

---

[213] Vgl. Grill und Perczynski [1999], S. 300-311.
[214] Es wären selbstverständlich noch weitere Bedürfnisse denkbar, wie das Bedürfnis nach Frieden, nach Gerechtigkeit, Hilfe usw.

inwieweit das Leistungsmotiv im Sinne von Deci und Ryan [1993] internalisiert wurde oder ob es bereits individuell vorlag, und somit keines externen Anreizes überhaupt Bedarf. Für die Katalogisierung hier spielt dieses jedoch keine Rolle. Das Leistungsmotiv wird betrachtet als „Persönlichkeitsvariable…die im Innern" eines Menschen liegt.[215] Leistungsmotivation ist ferner definiert als „das Streben nach Erfolg, danach, etwas gut zu können".[216]

Ein 100 m Sprinter, der ein starkes Leistungsmotiv hat, kann die 100 Meter unter 8 Sekunden laufen wollen; wenn seine körperlichen Eigenschaften es aber nicht zulassen, wird er so viel trainieren können, wie er will und doch dieses Ziel nicht erreichen. Das Leistungsbedürfnis ist individuell verschieden, kann jedoch meines Erachtens nicht mit monetären Mitteln befriedigt werden; trotzdem ist es ein Anreiz und führt zu individuellen Verhaltensweisen.

Das Bedürfnis nach Liebe (6), ist in keiner Weise mit monetären Mitteln zu realisieren. Auch wenn immer mehr Menschen viel Geld für Partnerbörsen ausgeben, lässt sich Liebe nicht mit finanziellen Mittel realisieren.[217]

Das Bedürfnis des griechischen Wortes φρόνησις, das mit „Klugheit" oder „Vernunft" (7) übersetzt werden kann, ergibt sich aus der Definition. Da Klugheit als die Fähigkeit zu angemessenem Handeln in konkreten Einzelfällen individueller Handlungsziele unter Berücksichtigung aller Situations- und Aktionsparameter definiert ist,[218] kann man feststellen, dass jeder Mensch dieses (Ur-)Bedürfnis hat. Gleichzeitig ergibt sich allein aus der Definition, dass dieses Bedürfnis nicht mit monetären Mitteln befriedigt

---

[215] Vgl. Gage und Berliner [1996], S. 344.
[216] Vgl. ebd.
[217] Partnerbörsen werden in den Medien z.B. als „krisenresistenter Wachstumsmarkt" gehandelt, vgl. u.a. http://www.sz-online.de/oas/partnersuche/artikel.asp?id=2207917.
[218] Vgl. Aubenque [2007], S.41-48.

werden kann, da es sich erstens um individuelle Ziele handelt und zweitens die Situations- und Aktionsparameter individuell unterschiedlich sowie gemäß Jongebloed [1977], vom sozioökonomischen Umfeld determiniert sind.[219] Intelligenzunterschiede lassen sich dagegen zu 60% auf sozialisationsbedingte Faktoren und zu 40% auf genetische Faktoren zurückführen.[220] Hierbei kann man feststellen, dass zumindest die genetischen Faktoren mit monetären Mitteln nicht verändert oder beeinflusst werden können.

Das Bedürfnis nach sozialem Anschluss (8), das unter die „Big Three" nach McClelland [1961] fällt, ist grundsätzlich auch als „nicht mit monetären Mittel zu befriedigen" zu klassifizieren. „In diesem Motiv spiegelt sich der Wunsch und das Bedürfnis…[eines Menschen], mit anderen Menschen freundschaftlich zu verkehren."[221] Menschen sind bereit, ihr Verhalten zu ändern, um es dem Verhalten anderer anzupassen, wenn sie Mitglied der Gruppe bleiben können und dadurch in den Genuss der Vorteile der Gruppenmitgliedschaft zu erhalten. Man passt sich dadurch den sozialen Normen der Gruppe an, und übernimmt deren impliziten oder expliziten Regeln für akzeptable Verhaltensweisen, Werte und Überzeugungen.[222] Determinanten der Aufnahme in eine soziale Gruppe sind nach Aronson, Wilson und Aktert [2008] folglich die „impliziten oder expliziten Regeln", „Werte und Überzeugungen" und folglich immaterieller Natur. Gruppenzugehörigkeit ist somit grundsätzlich nicht mit monetären Mittel zu befriedigen.

---

[219] Vgl. Jongebloed [1977], S. 5.
[220] Vgl. Gage und Berliner [1996], S. 68.
[221] Vgl. ebd., S. 357.
[222] Vgl. Aronson, Wilson und Akert [2008], S.269.

8.2 Modellannahmen und komparativ-statische Analyse

Es lässt sich somit feststellen, dass sich individuelle Bedürfnisse grundsätzlich in zwei Gruppen einteilen lassen: Erstens, Bedürfnisse, die man mit monetären Mitteln befriedigen kann und zweitens, Bedürfnisse, die man nicht mit monetären Mitteln befriedigen kann. Die erste Gruppe soll im Folgenden mit „Materielle Werte" (MW) bezeichnet werden und wird zusammengefasst in der Variablen X_1. Die zweite Gruppe soll dagegen mit „Immaterielle Werte" (IW) bezeichnet werden und wird im Folgenden zusammengefasst in der Variablen X_2:

$$X_1 = x_1 + x_2 + x_3 + x_4 \tag{8.1}$$

$$X_2 = x_5 + x_6 + x_7 + x_8 \tag{8.2}$$

Hier bezeichnet der Index $i = 1,...,8$ der x - Variablen die Bedürfnisse analog zu den in 8.1 diskutierten. Der Index $j = 1, 2$ bezeichnet dagegen die Bedürfnisgruppen MW=1 und IW=2, mit denen die Bedürfnisse zusammengefasst werden.

Weiterhin soll angenommen werden, dass die Bedürfnisse kardinal messbar sind und durch Multiplikation der Parametern a_1 bzw. a_2 mit den entsprechenden Bedürfnissen zu der Bedürfnisbefriedigung m bzw. n führt:

$$a_1 \cdot X_1 = m \tag{8.3}$$

$$a_2 \cdot X_2 = n \tag{8.3}$$

Die Glückfunktion und deren Isoglückslinie ist gegeben durch $U(X_1, X_2) = \overline{U}$ und in der Ausgangsposition ist die Kombination der Variablen MW und IW im Vektor c gegeben. In diesem Punkt tangiert die Gerade zwischen MW(1) und IW(1) die Isoglückkurve und diese Kombination empfindet das Individuum als optimal. Abbildung 7 zeigt graphisch, was passiert, wenn die Bedürfnisbefriedigung n vermindert wird. Da das Individuum an seinem „Maß an Glück" festhält, muss zwangsläufig die $a_1 \cdot X_1 = m$ ansteigen, sodass das ursprüngliche Glücksniveau nicht verlassen wird. Mit anderen Worten, eine Verminderung von n auf n', was in Abbildung 7 gegeben ist durch die Differenz $IW(1) - IW(2)$, führt zu einer Erhöhung der Bedürfnisbefriedigung $a_1 \cdot X_1$ von m auf m', damit das ursprüngliche Glücksempfinden nicht verlassen wird. Der Anstieg der Bedürfnisbefriedigung von m auf m' ist in Abbildung 7 durch die Differenz $|MW(1) - MW(2)|$ gezeigt. Geometrisch gelangt man folglich vom Vektor c zum Vektor d, der gekennzeichnet ist durch eine Verminderung der immateriellen und gleichzeitigem Anstieg der materiellen Bedürfnisbefriedigung .

Abbildung 7: Verminderung der immateriellen Werte

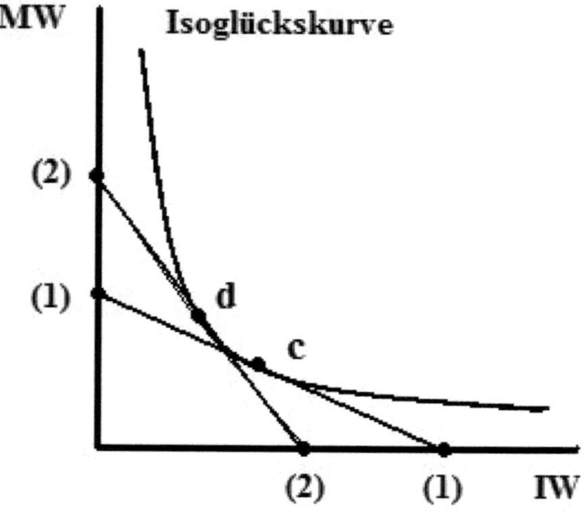

Es wird also angenommen, dass ein exogener Einfluss dazu führt, dass die immateriellen Werte der Individuen im Zeitablauf abnehmen. Da jedes Individuum, jedoch ein gewisses „Maß an Glück" für sich beansprucht, sucht das Individuum durch eine erhöhte Befriedigung der materiellen Bedürfnisse, diesem Effekt entgegenzuwirken. Dieser „exogene Einfluss" oder die „exogene Kraft", kann z.B. durch die Variable t beschrieben werden, die im Zeitablauf eine Verminderung der immateriellen Werte bewirkt.

Mit anderen Worten, hier wird angenommen, dass m und n implizite Funktionen der „exogenen Kraft" t sind: $m = f(t)$, $n = g(t)$. Das Individuum, das auf die Bedürfnisbefriedigung $a_2 \cdot X_2 = n$ annahmegemäß keinen Einfluss nehmen kann, wohl aber auf die Bedürfnisbefriedigung $a_1 \cdot X_1 = m$, wird nach diesem Modell also versuchen vermehrt materielle Bedürfnisse zu befriedigen, um so auf der Isoglückslinie bleiben zu können. Auf die Plausibilität diese Annahmen wird später näher eingegangen.

Deci und Ryan [1993] argumentieren, dass extrinsische Motive in das individuelle Selbstkonzept integriert werden können und somit in intrinsische überführt werden können. Analog kann hier angenommen werden, dass die „exogene Kraft" nicht nur die Bedürfnisbefriedigungen selbst wirkt, sondern auch eine individuelle Bewertungsverschiebung der Parameter α_1 und α_2 der Glücksfunktion $U(X_1, X_2) = X_1^{\alpha_1} \cdot X_2^{\alpha_2}$ evoziert: $\alpha_1 = h(t)$ und $\alpha_2 = i(t)$. Wird angenommen, dass $d\alpha_1 / dt > 0$ und $d\alpha_2 / dt < 0$ wird demzufolge unterstellt, dass die versteckte Variable im Zeitablauf eine höhere Bewertung der materiellen Werte und eine geringere Bewertung der immateriellen Werte des Individuums evoziert. Als versteckte Variable können z.B. sozialisationsbedingte Faktoren angeführt werden. Über die Modellierung von versteckten Variablen gibt das Modell von Hamilton [1989] Aufschluss.[223]

---

[223] Hamilton [1989], S.357-384.

Auch hier soll wieder Angenommen werden, dass das Individuum keinen Einfluss auf die Befriedigung immaterieller Bedürfnisse nehmen kann und somit $n = \bar{n}$. Abbildung 8 zeigt nun, wie die Kombination von IW und MW adjustiert wird, falls sich die Glückfunktion verändert durch eine Erhöhung von α_1 und ein Verminderung von α_2 im Zeitablauf. D.h. die Isoglücklinien (1) und (2) beschreiben geometrisch das gleiche Glücksempfinden $U(X_1, X_2) = \bar{U}$. In (2) werden jedoch von Anfang materielle Bedürfnisse höher bewertet, als in (1), also $\partial U(2)/\partial X_1 > \partial U(1)/\partial X_1$, $\partial U(2)/\partial X_2 < \partial U(1)/\partial X_2$ und $U(1) = U(2) = \bar{U}$.

Abbildung 8: Veränderung der individuellen Glücksfunktion und Adjustierung Bedürfniskombination

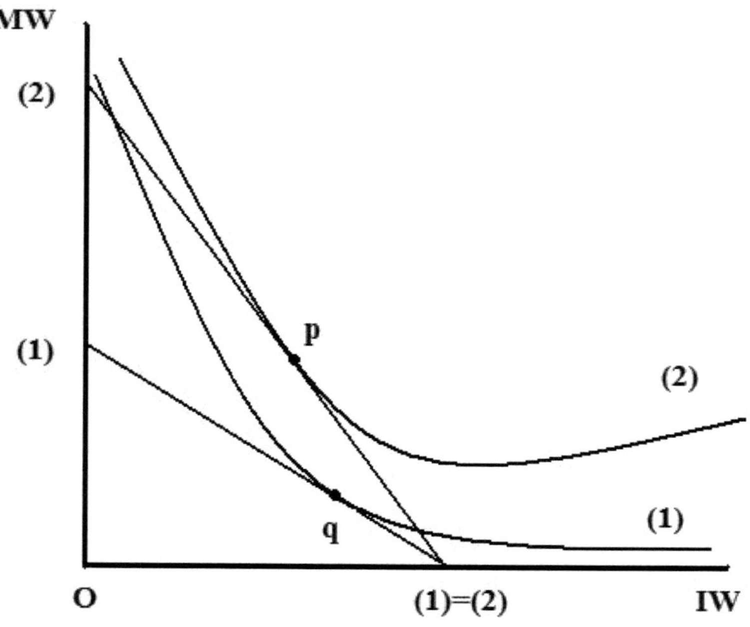

In Abbildung 8 wird somit gezeigt, wie die Befriedigung der materiellen Bedürfnisse von MW(1) zu MW(2) ansteigt unter der Annahme, dass die Befriedigung der immateriellen Bedürfnisse IW(1)=IW(2) konstant bleiben und sich die Bewertung der Bedürfnisse in der Glücksfunktion verändern, d.h. sich – geometrisch gesprochen – der Locus der Glückfunktion verschiebt von Glücksfunktion(1) zu Glücksfunktion(2). Geometrisch betrachtet gelangt man folglich vom Vektor p zum Vektor q, was sich in verminderter immaterieller und vermehrter materieller Bedürfnisbefriedung äußert.

Geht man nun davon aus, das die exogene, versteckte Variable t im Zeitablauf zu einer simultanen Veränderung von a) der individuellen Bewertung von materiellen und immateriellen Bedürfnissen und b) zu einer exogenen Beschränkung der immateriellen Bedürfnisse führt, ist ein extremer Anstieg der materiellen Bedürfnisbefriedung des Individuums erklärbar.

8.3 Zusammenhang zwischen nutzentheoretischem Motivationsmodell und Finanzkrise

Es konnte festgestellt werden, dass das Verhalten der verantwortlichen Akteure in Wirtschaftschaft und Politik gekennzeichnet ist von dem gleichen Motto – „und nach mir die Sintflut." Es lassen sich Verhaltensweisen wie „Habgier" und „Überkonsumption" diagnostizieren, sich ausgiebig in den Medien diskutiert worden sind.

Die Ursachen Finanzkrise lassen sich in einem rein ökonomischen Zusammenhang kaum erklären. Folglich muss ein systempsychologischer Zusammenhang gefunden werden, der die Ursachen der Verhaltensweisen erklären. Aus der Motivationspsychologie ist bekannt, dass Verhaltensweisen in irgendeiner Art und Weise motiviert sind. Bisherige Motivationsmodelle können zwar helfen, Motive zu katalogisieren, aber es kann auf deren Grundlage nicht erklärt werden, warum es zu

Veränderungen oder zu einer Zunahme bereits vorliegender Verhaltensweisen kommt.

In dem vorgestellten nutzentheoretischen Motivationsmodell wird versucht, Ansätze bisheriger Motivationsmodelle in der Weise zu verknüpfen, dass eine solche Verhaltensänderung erklärbar wird. Die Verhaltensweisen „Habgier" und „Überkonsumtion" lassen sich somit auf im Motivationsprozess greifende Veränderungen zurückführen, die eine Neukombination der Motivkomplexe evozieren. Es wurden zwei Ursachen festgestellt, die sich im Modell zeigen lassen: Erstens, das Individuum, dass in der Befriedigung immaterieller Bedürfnisse exogen beschränkt ist und den Ausgleich einer exogenen Beschränkung nur über die erhöhte Befriedigung materieller Bedürfnisse erzielen kann, wird folglich durch Habgier und Überkonsumption das Glücksempfinden versuchen, aufrechtzuerhalten. Zweitens, falls sich im Zeitablauf die individuelle Bewertung materieller Bedürfnisse erhöht, wird das Individuum ebenfalls eine erhöhte Befriedigung materieller Bedürfnisse für sich in Anspruch nehmen. Dieses wäre sogar dann der Fall, falls die Befriedigung immaterieller Bedürfnisse nicht exogen beschränkt wäre.

Falls beide Effekte entweder simultan geschehen oder sich im Zeitablauf als alternierend herausstellen, werden die Verhaltensweisen „Habgier" und „Überkonsumtion" verstärkt. In der Literatur wurden bereits Modelle diskutiert, die versteckte Variablen messen.

8.4 Prüfung der modelltheoretischen Plausibilitätsannahmen

Ist es plausibel, dass immaterielle Werte sich im Zeitablauf vermindern? Ebenso wie es schwierig ist, immaterielle Vermögenswerte innerhalb des betriebswirtschaftlichen Rechnungswesens quantitativ zu bewerten, ist es auch schwierig, immaterielle Bedürfnisbefriedigung im Zeitablauf quantitativ zu erfassen und zu bewerten.

Im Gegensatz zur direkten Messung kann man jedoch wie folgt vorgehen: Man kann untersuchen, was die Folgen wären, wenn ein auftretender oder sich verstärkender Mangel an diesen sichtbar wird. Hat man Variablen gefunden, die negativ mit den ursprünglichen korrelieren, kann man durch eine Zunahme der negativ korrelierenden Variablen eine Verminderung der ersteren konstatieren.

Die Sueddeutsche Zeitung schreibt z.B., dass Depressionen weltweit zunehmen. „Nach Schätzungen der Weltgesundheitsorganisation werden sie bis 2020 die häufigste Krankheit sein. Auch heute leidet jeder fünfte bis zehnte Mensch einmal in seinem Leben darunter."[224] Holsboer konstatiert, dass Depressionen als potentiell tödliche Erkrankungen zu klassifizieren seien.[225]

Der Zusammenhang zwischen Gefühlen wie Liebe und Depressionen wurde bereits festgestellt. „In Theorien, die psychosozialen Faktoren eine wesentliche Bedeutung zusprechen, werden v.a. zwei Aspekte betont: die ungünstigen frühen Erfahrungen von Unsicherheit und Mangel an Liebe durch die Eltern sowie die belastende aktuelle Situation."[226] Bibring [1953] betont, dass das Entstehen durch das Übergewicht der narzisstischen Bedürfnisse, geliebt und geachtet zu werden und die darin erfahrene Hilflosigkeit als Ursachen der Depression zu nennen sind.[227] Der Kardiologe Dean Ornish äußert in diesem Zusammenhang: „Einsamkeit, Liebesentzug und mangelnde Nähe treiben ebenso Raubbau an unserer Gesundheit wie die bislang bekannten Risikofaktoren Rauchen, falsche Ernährung, Stress, Bewegungsmangel oder genetische Faktoren." Zudem untermauern wissenschaftliche Studien die Heilkraft der Gefühle und sehen sogar eine Wirkung des Gefühls der Liebe auf das Gehirn, die Immunabwehr, Herzkranzgefäße oder auch Tumore.

Die schwedische Psychologin Kerstin Uvnäs Moberg vom Karolinska-Institut in Stockholm untersuchte die Wirkung des Moleküls Oxytocin, das

---

[224] Vgl. http://www.sueddeutsche.de/dossiers/dossier/223/100123/
[225] Vgl. http://www.mpipsykl.mpg.de/clinic/erkrankungen/depression/depression_05/index.html
[226] Vgl. Klicpera und Gasteiger-Klicpera [2007], S.71.
[227] Vgl. Bibring [1953], S.81-101.

unter anderem bei zärtlichen Berührungen ausgeschüttet wird. Moberg bestätigt, dass das Hormon Angstgefühle reduziert, beruhigt, verstärkt das partnerschaftliche Verhalten und aktiviert das Immunsystem. Nur ein Körper in einem sehr guten emotionalen Zustand kann dank optimalem Oxytocinspiegel und entsprechenden Abwehrkräften Bakterien, Viren und auch Stress abwehren. Zärtlichkeiten sollen als angenehme Nebenwirkung den Blutdruck senken und gleichzeitig Heilungsprozesse aller Art beschleunigen.[228] Gemäß Holsboer muss man aufgrund der Zahlen feststellen, dass die Depression eine potentiell tödliche Erkrankung ist.[229]

Ferner beobachten Forscher seit 1999 einen Rückgang der Durchschnittsintelligenz. James Flynn meint hierzu: „In der Geschichte der Menschheit hat Wohlstand immer zu Dekadenz geführt. Dadurch wird die Intelligenz weiter sinken. Das war schon bei den Römern so."[230] Nach der letzten Pisa-Studie kommen sogar nur 23 Prozent der 15-Jährigen nicht über die unterste Kompetenzstufe beim Lesen hinaus.[231]

Einen Rückgang in der Befriedigung des Anschlussmotivs, kann wie folgt untersuchen: Anschluss findet oder sucht man grundsätzlich in einer Gruppe. Dieses kann in der Schule, an der Universität, am Arbeitsplatz oder in der Freizeit der Fall sein; also überall dort, wo sich Menschen treffen. Ein typisches Ausschlussverhalten ist Mobbing. Daher können im Folgenden über eine Analyse vom Mobbing, auf die Befriedigung des Anschlussbedürfnisses Rückschlüsse gezogen werden.

---

[228] Vgl. http://www.focus.de/gesundheit/news/medizin-liebe-auf-rezept_aid_180748.html
[229] Vgl. http://www.mpipsykl.mpg.de/clinic/erkrankungen/depression/depression_05/index.html
[230] Vgl. http://www.welt.de/print-welt/article386813/Die_Menschen_werden_wieder_duemmer.html
[231] Vgl. http://www.spiegel.de/schulspiegel/0,1518,225814,00.html

Gemäß Christina Thors [2007] liegt Mobbing vor, wenn jemand wiederholte Male innerhalb einer Zeitperiode negativen Handlungen bzw. Aktionen von anderen Menschen ausgesetzt ist. Eine negative Handlung liegt vor, falls jemand bewusst und/oder mit Absicht einem anderen Menschen Schaden oder Unannehmlichkeiten zufügt oder versucht zuzufügen. Dabei können negative Handlungen.[232] „Negative Handlungen können durch physischen Kontakt ausgeführt werden, [aber auch] mit Worten oder dadurch, dass Grimassen, oder gemeine Gesten, Gerüchte verbreitet oder jemand absichtlich aus einer Gruppe ausgeschlossen wird."[233] Thors betont ferner, dass Mobbing durch ein *Ungleichgewicht im Kraftverhältnis (ein asymmetrisches Machtverhältnis)* gekennzeichnet ist.[234] In einer norwegischen Studie, an denen ca. 11000 Schüler involviert waren und die im Jahre 2001 durchgeführt wurde, wurden „beunruhigende Tendenzen" festgestellt, da die Anzahl an Mobbingopfern im Vergleich zu 1983 um 50% gestiegen ist.[235] „Der Anteil Schüler, der in ernsterem Mobbing „mindestens einmal pro Woche" involviert war (wie Täter, Mobbingopfer oder beide), ist angestiegen um 65%. Diese Erhöhungen können als ein Zeichen für eine negative Gesellschaftsentwicklung angesehen werden."[236]

Kennzeichnend für Mobbing ist, dass die Täter ein aggressives Verhaltensmuster aufweisen sowie ein hohen Bedarf an Macht und Dominanz. „Zudem ist es offenbar, dass die Täter oft eine Belohnung für ihr aggressives Verhalten, in Form von Prestige innerhalb der Gruppe oder zumindest einem Teil der Gruppe bekommen."[237] Gemäß Thors [2007] gibt es vier Hauptursachen für Mobbing an: Erstens, die emotionale Grundeinstellung der Pflegeberechtigten[238] gegenüber dem Kind während

---

[232] Vgl. Thors [2007], S.57-58.
[233] Vgl. ebd., S.58.
[234] Vgl. ebd.
[235] Vgl. Thors [2007], S.60.
[236] Vgl. ebd.
[237] Vgl. ebd., S.65.
[238] Die Pflegeberechtigten sind gewöhnlich die Eltern.

der ersten Jahre des Heranwachsens: Eltern, die wenig Liebe und Fürsorge gegenüber ihrem Kind zeigen, bekommen aggressivere Kinder. Zweitens, die Toleranz der Eltern gegenüber eines aggressiven Verhaltens des Kindes.[239] Drittens, die Anwendung von machtorientierten Erziehungsmethoden, wie physische Bestrafung und gewaltsame Gefühlsausbrüche. Viertens, ein aktives und hitziges Temperament des Kindes.[240]

Die sozialen Konsequenzen des Mobbings sind weitreichend. Forscher konstatieren hierbei emotionale Störungen oder Entfremdung der Mobbingopfer, die sie daran hindert, sich gefühlsmäßig anderen Menschen zu nähern. Weiterhin zeigen sich destruktive Schamgefühle beim Mobbingopfer, die das Selbstbild und soziale Beziehungen zu anderen Menschen negativ beeinflussen.[241]

Vom theologischen Standpunkt betrachtet, ist „Liebe" ein weiter Begriff, bzw. ein Oberbegriff, der verschiedene naheliegende Begriffe miteinschließt.[242] Theologisch betrachtet, kommt es aufgrund von zunehmender Ungerechtigkeit zum Erkalten der ἀγάπη. Es wird daher eine negative Korrelation von Ungerechtigkeit und ἀγάπη postuliert.[243] Aber wie bewerten Menschen Gerechtigkeit?

Gerechtigkeit ist eine (subjektive) Ausprägung, der man verschiede soziale Kontexte zuordnen kann. So konstatiert der Sozialforscher Schwarze: „In ihrer jüngst erschienenen Studie „Growing Unequal? Income Distribution and Poverty in OECD Countries" berichtet die OECD von einer signifikanten Zunahme von Ungleichheit und Armut in Deutschland und vielen anderen Ländern der OECD. [...] Zwischen 1995 und 2005 hat die Ungleichheit der Einkommen in Deutschland um 2,6 Prozentpunkte auf

---

[239] D.h. wie Eltern auf ein solches Verhalten reagieren bzw. nicht reagieren.
[240] Vgl. Thors [2007], S.66.
[241] Vgl. ebd., S.37.
[242] Vgl. Abschnitt 7.
[243] Vgl. Mat 24,12.

einen Gini-Koeffi zienten von 0,30 zugenommen. Die Armutsquote ist im gleichen Zeitraum um 2 Prozentpunkte gestiegen und betrug im Jahre 2005 11%." Diese Zahlen spiegeln nach Schwarze die von der deutschen Bevölkerung empfundene zunehmende Ungerechtigkeit in der Einkommensverteilung wider.[244]

Aber nicht nur im Bereich Einkommensverteilung empfinden Menschen eine zunehmende Ungerechtigkeit. Es lässt sich in gleicher Weise argumentieren, wenn es um soziale Ungerechtigkeiten geht.[245] Wo einem „Networking als strategisches Instrument zur Vernetzung verschiedener Institutionen und Akteure" verkauft wird, handelt es sich doch für die meisten eher für „Vetternwirtschft".[246]

Auch an Hochschulen wird eine zunehmende soziale Ungerechtigkeit dokumentiert: „Um an einer Hochschule zu studieren wird die soziale Herkunft immer wichtiger. Auch wenn die Studierenden zunehmend zufrieden sind mit ihrem Studium, wird der Zugang zu Hochschulen für Menschen aus sozial schwachen Familien immer schwerer. Die soziale Schere klafft auch hier immer weiter auseinander. [...] Von 1993 bis 2007 ist der Anteil der Studierenden, die aus einem Akademiker-Haushalt kommen, von 49 auf 60 Prozent gestiegen. Das zeigt der ... in Berlin veröffentlichte 10. Studierendensurvey des Bundesbildungsminis-teriums."[247]

Somit kann eine zunehmende (empfundene) Ungerechtigkeit in verschiedenen Bereichen des menschlichen Lebens offensichtlich konstatiert werden, was zumindest aus theologischem Standpunkt zu einer Verminderung der ἀγάπη führt.

---

[244] Vgl. Wirtschaftsdienst 2008 (11), S.702.
[245] Vgl. http://www.spiegel.de/wirtschaft/0,1518,626765,00.html
[246] Vgl. Kulturmanagement (2003), S.7.
[247] Vgl. http://www.focus.de/panorama/vermischtes/soziale-scheere-auch-an-hochschulen-wird-die-soziale-ungerechtigkeit-groesser_aid_324947.html

Abbildung 9 gibt einen Überblick über den herausgestellten system-psychologischen Zusammenhang. Hierbei wurde (a) zurückgeführt auf eine negative Korrelation zwischen Depression und Liebe, (b) auf die Ergebnisse der PISA-Studien und (c) auf eine negative Korrelation zwischen Anschluss und Mobbing.[248]

Ist es ferner plausibel anzunehmen, dass sich die individuelle Bewertung (bzw. modelltheoretische Gewichtung der Parameter α_1 und α_2) der Bedürfnisse im Zeitablauf ändert?

Gemäß Jongebloed [1977] basiert „die Entstehung von Motiven" auf einer „Funktion von Kräftefeld und Umweltkontinuum [...]" und somit auf einer individuellen „Auseinandersetzung zwischen phylogenetischen und sozialisationsbedingten Faktoren [...]."[249] Dörfler [1993] konstatiert ferner, dass die Motivstruktur eines Menschen nach der Erziehung weitestgehend gefestigt und nur schwer veränderbar ist.[250] Deci und Ryan [1993] fanden heraus, dass Motive durch Internalisierung in das individuelle Selbstkonzept übernommen werden können. Brandstätter [2009] argumentiert, dass es zwei voneinander unterschiedliche Motivationssysteme gibt: ein bewusstes, explizites und ein unbewusstes, implizites.[251] „Uns ist längst nicht immer bewusst, welche Motive uns leiten. Das wiesen auch Forscher um den Konstanzer Psychologen Peter M. Gollwitzer nach. Sie aktivierten bei ihren Probanden mittels Priming den Wunsch, mit anderen zusammenzuarbeiten – durch simples Lesen von Wörterlisten aus dem Bedeutungsfeld „Kooperation". Folge: Ohne sich darüber im Klaren zu sein, legten die Versuchspersonen ein besseres Miteinander an den Tag als eine Kontrollgruppe. In einem virtuellen

---

[248] In Abbildung 9 bedeutet BB. „Bedürfnisbefriedigung"; basierend auf der in Abschnitt 8 angeführten und diskutierten Motive.
[249] Vgl. Jongebloed [1977], S.5.
[250] Vgl. Dörfler [1993], S.107.
[251] Vgl. Brandstätter [2009], S.26.

Spielszenario achteten sie zum Beispiel strenger darauf, die entscheidende Ressource   - den Fischreichtum eines Sees – nicht vorschnell auszubeuten."[252]

Die Nachkriegsgeneration der 70-er, 80-er und 90-er wurde durch die Medien mit dem Bedürfnis nach Konsumtion, Individualität usw. im Zeitablauf mehr und mehr konfrontiert. Die Studien von Gollwitzer und Latham [2009] zeigen den Einfluss, den Medien durch versteckte Motivgenerierung auf Menschen haben können.[253] Konfrontiert man Menschen frequentiert mit Motiven, können diese gemäß Deci und Ryan [1993] in das individuelle Selbstkonzept übernommen werden. Dieses kann aber auch implizit geschehen, bzw. in einer unbewussten Form. Überspitzt formuliert: Ein sozialisationsbedingter Faktor, der den Menschen Konsum suggeriert, kann entweder in das explizite Selbstkonzept des Menschen integriert werden, oder in implizit motivierten Verhaltensweisen zum Tragen kommen.

---

[252] Vgl. Westerhoff [2009], S.23.

Abbildung 9: Systempsychologischer Zusammenhang

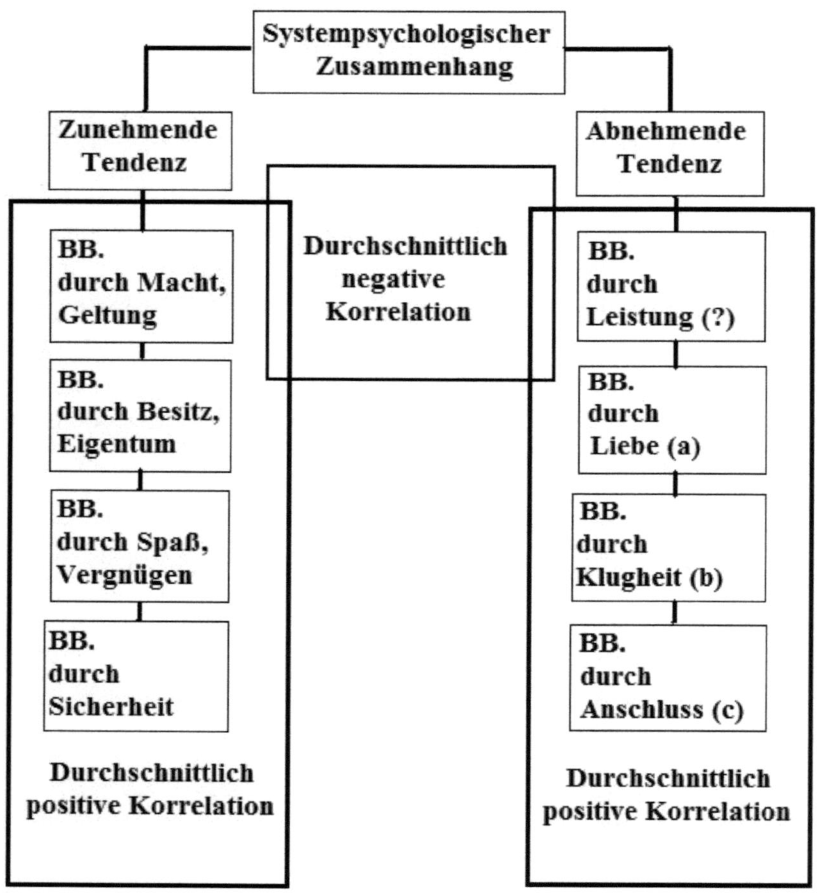

9 Schlussbetrachtung

Psychologen haben im Laufe der Zeit unterschiedliche Motivkataloge erstellt, in denen die „Big Three" stets vorkommen. Gemäß Veronika Brandstätter[254] haben die „Big Three" eine biologische Basis und gelten als angeboren.[255] Es konnte gezeigt werden, dass eine neue Katalogisierung hilfreich sein kann, um die Verhaltensweisen, die der Finanzkrise zugrunde liegen, zu erklären. Hierbei wurde die Katalogisierung vorgenommen unter dem Aspekt der monetären Möglichkeit der Bedürfnisbefriedigung.

Es konnte ein Motivationsmodell entwickelt werden, dass das Verhalten, was in den Medien mit „Habgier" bezeichnet wird,[256] auf eine Veränderung im Motivationsprozess zurückführt. Diese Veränderung kann erstens durch eine exogene Beschränkung in der realisierten Bedürfnisbefriedigung zustande kommen und/oder zweitens durch eine Veränderung in der individuellen Bewertung der Motive. Als treibende Kräfte sind sozialisationsbedingte Faktoren denkbar, die im Zeitablauf „schleichend" ihre Wirkung entfalten.

Da eine quantitative Erfassung von Motiven oder realisierten Bedürfnisbefriedigungen sich als äußerst schwierig darstellt, können nur aufgrund von Korrelationen Rückschlüsse auf die Gültigkeit des Modells geschlossen werden.

Wie nach jeder Krise, so kann man sich auch hier die Frage stellen: Was hat man daraus gelernt? Nach Medienberichten strebt der Deutsche Bank Chef Joseph Ackermann für 2009 wieder eine Eigenkapitalrendite von 25% an:[257] „Wir erreichen diese Rendite, weil wir ein überzeugendes Geschäftsmodell und eine starke Marktposition haben." [258] Auf der Jahreshauptversammlung betonte Ackermann zudem: „Es sollte ‚ein Grund

---

[254] Veronika Brandstätter ist Professorin für Psychologie an der Universität Zürich.
[255] Vgl. Brandstätter [2009], S.26.
[256] Vgl. http://www.bundesregierung.de/Content/DE/Magazine/ MagazinWirtschaftFinanzen/058/s-2-ursachenforschung.html
[257] Stand: 25.Mai 2009.
[258] Vgl. http://www.welt.de/wirtschaft/article3804582/Josef-Ackermann-verteidigt-25-Prozent-Ziel.html

zur Freude sein, wenn gerade in Zeiten wie diesen die Deutsche Bank einen guten Gewinn erwirtschaftet. Ein Gewinn, der sie in die Lage versetzt, zu wachsen, Risiken zu verkraften, Arbeitsplätze zu sichern und zu schaffen'. Nach tiefroten Zahlen 2008 hatte Deutschlands größte Bank für die ersten drei Monate 2009 einen Überschuss von 1,2 Milliarden Euro ausgewiesen."[259] Etwa einen Monat zuvor hatte Ackermann seinen Arbeitsvertrag um drei Jahre verlängert und bleibt nun bis 2013 im Vorstand der Bank.[260] Etwa ein halbes Jahr später wurde bekanntgegeben, dass die Deutsche Bank etwa 1300 Stellen bis zum Jahr 2012 abbauen will. „Stark betroffen ist dabei das Geschäft mit Privat- und Geschäftskunden, für das die Bankspitze zuletzt[261] eher Zuwächse in Aussicht gestellt hatte."[262]

Auch wenn die Entscheidung Ackermanns aus betriebswirtschaftlicher Sicht[263] notwendig war, ändert dieses nichts daran, dass die meisten Menschen dieses für ungerecht oder unrechtmäßig erachten. Daher rief dieses Verhalten in den Medien auch negative Reaktionen seitens der Politik hervor. Ackermann wird exemplarisch immer wieder in den Medien aufgegriffen. Tatsächlich ist es aber allgemein so, dass Experten vor allem an den Finanzplätzen London und New York wieder eine Rückkehr der hohen Prämien erkennen. „Nach Ansicht eines Bankmanagers, sind Garantie-Boni von zwei Millionen Euro und mehr wieder Gang und Gäbe. Vor allem krisengeschüttelte Banken aus der Schweiz und den USA

---

[259] Vgl. http://www.welt.de/wirtschaft/article3804582/Josef-Ackermann-verteidigt-25-Prozent-Ziel.html
[260] Vgl. http://www.spiegel.de/wirtschaft/0,1518,621590,00.html; http://www.stern.de/wirtschaft/news/unternehmen/deutsche-bank-ackermann-verlaengert-seinen-vertrag-662211.html
[261] D.h. etwa 6 Monate zuvor.
[262] Vgl. http://www.welt.de/wirtschaft/article4675512/Deutsche-Bank-streicht-1300-Arbeitsplaetze-im-Inland.html
[263] Gemeint ist hier eher „aus kapitalgesellschaftlicher Sicht."

versuchten mit solchen Lockprämien, Investmentbanker abzuwerben und damit ihren Aderlass an Top-Kräften zu beenden."[264]

Man kann festhalten, dass die Änderung des Motivationsprozesses bzw. der individuellen Bewertung der Motivkomplexe fortdauert und tief im systempsychologischen Prozess verankert ist.

Zu welchen weitlaufenden Konsequenzen führen „Habgier" und „Überkonsumption"? Soziale Konsequenzen der systempsychologischen Entwicklung wurden bereits besprochen. Über ökologische Konsequenzen berichtet z.B. Carina Borgström-Hansson[265]. Sie konstatiert, dass infolge von Überkonsumption die Erde mit 30% überbeansprucht wird. Bereits 1988 wurde die Grenze des „ökologischen Fußabdrucks" erstmals überschritten.[266]

Professor Dr. Johan Rockström [2009] [267], veröffentliche im September 2009 seine Forschungsergebnisse bezüglich der Selbstheilungsmechanismen der Erde. Die Selbstheilungsmechanismen des Planten Erde hängen von zehn Faktoren ab. Rockström fand heraus, dass drei von diesen zehn Faktoren bereits überschritten sind: Hierbei handelt es sich um den Ausstoß von Treibhausgasen[268], Überdüngung und der Artenverlust[269]. Der schwedische Forscher konstatierte darüberhinaus, dass drei weitere Faktoren in sog. Risikozonen liegen: Wasserressourcen, Landverwendung und Versauerung der Meere.[270] Rockström [2009] bemerkt, Menschen

---

[264] Vgl. http://www.focus.de/finanzen/news/g20-schluss-mit-der-bonus-bonanza_aid_439103.html

[265] Carina Borgström-Hansson ist Projektleiter beim WWF.

[266] Vgl. http://svtplay.se/v/1410094/jorden_overutnyttjas_med_30_procent

[267] Johan Rockström ist Professor am Stockholms Environment Institute an der Universität Stockholm, Schweden.

[268] Grenzwert ist laut Rocktröm 350 ppm und das aktuelle Niveau liegt bei 390 ppm.

[269] Verlust an biologischer Mannigfaltigkeit.

[270] Vgl. Rockström [2009], S. 447-448.

hätten in ihrem Konsumverhalten „auf laufende Rechnung" gehandelt, die langfristigen ökologischen Konsequenzen jedoch völlig missachtet.[271]

Als Fazit kann man festhalten: Die Ursachen für die Finanzkrise liegen in einer Veränderung des Motivationsprozesses, der soziale, ökonomische und ökologische Konsequenzen hat. Die sozialen Konsequenzen wurden in Abschnitt 8.4 ausführlich erläutert. Die ökonomischen Konsequenzen der Verhalten „Habgier" und „Überkonsumption" münden in der Schuldenfalle des Staates, wohingegen die ökologischen Konsequenzen darin liegen, dass die Erhaltung der Erde als Lebensbasis für die Menschheit ernsthaft gefährdet ist.

Somit führt die ökonomische Debatte doch zu einer ethischen, die sich wohl in einem Satz zusammenfassen lässt: „Denn Geldgier ist eine Wurzel alles Übels; [...]."[272]

---

[271] Vgl. http://stallom.se/2009/09/24/rockstrom-skrams-jordens-balans-har-rubbats/
[272] Vgl. 1.Tim 6,10.

QUELLENVERZEICHNIS:

Aufsätze/Bücher/Magazine:

Adam, H. (2009): „Bausteine der Wirtschaft", 15. Auflage, Verlag für Sozialwissenschaften, Wiesbaden.

Anhang zur Lutherbibel (1984): „Die Bibel", Lutherübersetzung, Deutsche Bibelgesellschaft 1999, Stuttgart.

Aronson, Wilson und Akter [2008]: „Sozialpsychologie", 6. Überarbeitete Auflage, Pearson Studium, München.

Aubenque [2007]: „Der Begriff der Klugheit bei Aristoteles", Felix Meiner Verlag, Hamburg.

Bergman und Klefsjö [2003]: "Quality From Customer Needs to Customer Satisfaction", 2.Auflage, Schweden, Studentlitteratur, Lund.

Bernholz, Faber und Petersen [2009]: „Kausalität in den Wirtschaftswissenschaften: Welche Ursachen hat die Finanzkrise?", Discussion Paper Series No. 488, Univerität Heidelberg, Department of Economics, September 2009.

Bibring [1953]: „Das Problem der Depression", in Psyche 6, 1952/53.

Bodie, Kane und Marcus [2008]: „Investments", 7th Edition, McGraw-Hill, Singapore.

Brandstätter [2009]: "Motivation: Ziele geben Orientierung", in: Gehirn & Geist, Nr.10/2009.

Csikszentmihalyi [1990]: "Flow: the Psychology of Optimal Experience", 1. Auflage, Vereinigte Staaten von Amerika, Harper Perennial.

Csikszentmihalyi [1996]: "Creativity: Flow and the Psychology of Discovery and Invention", Vereinigte Staaten von Amerika, Harper Perennial.

Csikszentmihalyi [1997]: "Special report on happiness", in: Futurist, Sep/Oct97, Vol. 31 Issue 5, bw; (AN 9710064070).

Deci und Ryan [1993]: „Lernmotivation", in Zeitschrift für Pädagogik, Jg. Heft 2/1993.

Deutsche Bundesbank [1997]: „Die Entwicklung der Staatsverschuldung seit der deutschen Vereinigung", Deutsche Bundesbank Monatsbericht März 1997.

Dörfler [1993]: "Grundlagen der praktischen Gestaltung von Anreizsystemen zur Unternehmensführung", 1. Auflage, Reihe V. Band 1434 (Volks- und Betriebswirtschaft). Frankfurt am Main. Verlag Peter Lang.

Gage und Berliner [1996]: „Pädagogische Psychologie", 5. Überarbeitete Auflage, Psychologie Verlags Union, Weinheim.

Grill und Perczynski [1999]: "Wirtschaftslehre des Kreditwesens", 33.te überarbeitete Auflage, Verlag Gehlen, Bad Homburg an der Höhe.

Grobys [2009]: "Index-Tracking-Strategies: An Empirical Application", 2.te Auflage, BoD-Verlag, Hamburg.

Guthof [1995]: "Strategische Anreizsysteme. Gestaltungsoptionen im Rahmen der Unternehmensentwicklung", 1.Auflage, Wiesbaden. Gabler Verlag.

Habermas [2008]: „The historical Jesus", 9.te Auflage, College Press, Joplin, Missouri.

Hackel [2005]: „Einführung in die Ökonometrie", Pearson Studium, München.

Hamilton [1989]: "A New Approach to the Economic Analysis of Nonstationary Time Series and the Business Cycle", in: Econometrica, Vol. 57, No. 2.

Heckenhausen [1963]: „Eine Rahmentheorie der Motivation in zehn Thesen" in: Zeitschrift für experimentelle und angewandte Psychologie.

Heckenhausen [1965]: „Leistungsmotivation", in: Handbuch der Psychologie, 2. Band, Allgemeine Psycholgie, II. Motivation, hrsg. von Prof. Dr. Thomae, Göttingen.

Heckenhausen [1972]: „Die Interaktion der Sozialisationsvariablen in der Genese des Leistungsmotivs", in: Handbuch der Psychologie, 7. Band, Sozialpsychologie, 2.Halbband, Forschungsbereiche, hrsg. von Prof. Dr. C.F. Graumann, Göttingen.

Herzberg, Mausner und Bloch Snydermann [2004]: „The Motivation to Work", 7.th Edition, New Brunswick, New Jersey.

Hofstätter [1966]: „Einführung in die Sozialpsychologie", 4.Auflage, Stuttgart.

Hoyos und Pastor [2006]: Ellrott, H., Förschle,G., Hoyos, M., Winkeljohann, N.: „Beck´scher Bilanzkommentar", 6.,völlig neu bearbeitete Auflage, C.H. Beck Verlag, München.

Jongebloed [1977]: „Mutmaßungen über Motivation", zweites Staatsexamen.

Küting [2005]: Full Goodwill Approach des Exposure Draft zu IFRS 3, in: Betriebs-Berater (BB), BB-Special 10, Heft 39.

Klicpera und Gasteiger-Klicpera [2007]: „Psychische Störungen im Kindes- und Jugendalter", Facultas Verlags- und Buchhandel AG, Wien.

Kulturmanagement (2003): Kulturmanagement Newsletter. Monatlicher Informationsdienst für Kultur und Management, Ausgabe 51, November 2003.

Lepper, Greene und Nisbett [1973]: "Undermining childrens intrinsic interest with extrinsic reward: A test of the "overjustification" hypothesis", in: Journal of Personality and Social Psychology, Vol. 28, No. 1, S.129-137

Lohse [2009]: „Paulus: Eine Biographie", Beck'sche Reihe, Verlag C.H. Beck, München.

Luther [1983]: „Der Große und der Kleine Katechismus", Vandenhoeck & Ruprecht Verlag, Göttingen.

Maslow [1954]: "Motivation and personality", New York.

McShane und von Glinow [2003]: "Organizational Behavior: Emerging Realities for the Workplace Revolution", zweite Ausgabe, Vereinigte Staaten von Amerika, McGraw-Hill.

Primeaux und Vega [2002]: "Operationalizing Maslow: Religion and Flow as business partners", in: Journal of Business Ethics, Vol.38.

Rheinberg [2006]: „Motivation", Stuttgart, 6. überarbeitete und erweiterte Auflage.

Rockström [2009]: „Earth's boundaries?", in: Nature, Vol.461.

Schlag [2004]: „Lern- und Leistungsmotivation", Wiesbaden, 2. Auflage.

Sheldon und Kasser [2008]: „Psychological threat and extrinsic goal striving", in: Journal of Motivation and Emotion, Vol. 32, Nr.1.

Stroebe [2004]: „Motivation", Heidelberg, 9. Auflage.

Theißen [2005]: „Im Schatten des Galiläers", 3.te Auflage, Gütersloher Verlagshaus GmbH, Gütersloh.

Thomae [1965]: „Die Motivation menschlichen Handelns", Köln, Berlin.

Thors [2007]: „Utstött – en bok om mobbing", Lärarförbundets förlag, Stockholm.

Tokoro [2004]: "Learning Zone of One's Own: Sharing Representations and Flow in Collaborative Learning Environments", IOS Press.

Toman [1968]: "Motivation, Persönlichkeit, Umwelt", Göttingen.

Varian [2001]: „Grundzüge der Mikroökonomik", 5.te Auflage, R. Oldenburg Verlag, München/Wien.

Veckans Affärer (16): "FI ser dig!", April 2009.

Veckans Affärer (18):"Bonus dilemmat", April 2009.

Vogt [2005]: "Maximizing Human Potential: Capabilities Theory and the Professional Work Environment", in: Journal of Business Ethics, Vol. 58.

Wang, C., Brennen, T., und Holte, A. [2006]: „Decreased approach motivation in dpression", in: Scandinavian Journal of Psychology (47), No. 6.

Westerhoff [2009]: „Motivation: Könnte, müsste, wollte", in: Gehirn & Geist, Nr. 10/2009.

Wirtschaftsdienst 2008 (11): „OECD-Studie: Steigende Einkommensungleichheit", Autor: Johannes Schwarze, 88.Jg, Heft 11, November 2008.

Reportagen:
http://svtplay.se/v/1410094/jorden_overutnyttjas_med_30_procent

http://stallom.se/2009/09/24/rockstrom-skrams-jordens-balans-har-rubbats/

Onlinequellen:
http://www.e24.se/

http://www.uni-hamburg.de/newsletter/

http://de.biz.yahoo.com/

http://www.spiegel.de/

http://www.welt.de/

http://www.handelsblatt.com/

http://www.compliancemagazin.de/

http://www.zeit.de/

http://www.bundesregierung.de/

http://www.dn.se/ekonomi/

http://www.vf.se/Arkiv/

http://www.focus.de/

http://www.stern.de/

http://www.journalmed.de/

http://www.ku-eichstaett.de/Fakultaeten/PPF/fachgebiete/Paedagogik/l

http://www.zum.de/

www.uni-bielefeld.de/psychologie/

http://www.netmba.com/

http://www.abraham-maslow.com/m_motivation/

http://moderne-deutsche-literatur.suite101.de/article.cfm/

http://www.ekd.de/aktuell_presse/

http://www.12manage.com/

http://www.wissen.de/

http://www.mpipsykl.mpg.de/clinic/

http://www.pressemeldungen.at/

http://www.sz-online.de/

http://www.sueddeutsche.de/